Animalidades
ZOOLITERATURA E OS LIMITES DO HUMANO

Animalidades

ZOOLITERATURA E OS LIMITES DO HUMANO

Maria Esther Maciel

instante

© 2023 by Editora Instante
© 2023 by Maria Esther Maciel mediante acordo com MTS Agência

Direção Editorial: **Silvio Testa**

Coordenação Editorial: **Carla Fortino**
Revisão: **Andressa Veronesi** e **Fabiana Medina**
Capa e projeto gráfico: **Fabiana Yoshikawa**
Imagens: **Brigantine Designs e Graphic Goods**
Diagramação: **Estúdio Dito e Feito**

1ª Edição: 2023

Dados Internacionais de Catalogação na Publicação (CIP)
(Angélica Ilacqua CRB-8/7057)

Maciel, Maria Esther
   Animalidades : zooliteratura e os limites do humano /
Maria Esther Maciel. — 1. ed. — São Paulo : Editora
Instante, 2023.

   ISBN 978-65-87342-42-9

   1. Literatura — História e crítica   2. Animais da literatura
I. Título

23-1792	CDD B869.9
	CDU 82-09

Índices para catálogo sistemático:
1. Literatura — História e crítica

Direitos de edição em língua portuguesa exclusivos
para o Brasil adquiridos por Editora Instante Ltda.

Texto fixado conforme o Acordo Ortográfico da Língua
Portuguesa de 1990, em vigor no Brasil a partir de 2009.

www.editorainstante.com.br
facebook.com/editorainstante
instagram.com/editorainstante

Animalidades: zooliteratura e os limites do humano é uma
publicação da Editora Instante.

Este livro foi composto com as fontes Arnhem e
Ernestine Pro e impresso sobre papel Pólen Natural 80g/m²
em Edições Loyola.

Nota da autora

Este volume desdobra o livro *Literatura e animalidade*, de 2016, inserindo-se num movimento de pesquisa e escrita iniciado com o pequeno livro *O animal escrito: um olhar sobre a zooliteratura contemporânea*, de 2008.

Aqui, a partir de reflexões sobre a questão dos animais no pensamento ocidental, detenho-me nas subjetividades não humanas no âmbito da filosofia, da etologia — ramo da zoologia voltado para pesquisas sobre comportamento animal — e da literatura, entre outras áreas do conhecimento, com incursões em narrativas e poemas que priorizam o ponto de vista animal, seja na forma de um "eu" poético, seja na apresentação dos bichos como protagonistas e/ou narradores, em interação paradoxal com os humanos. A noção de "zoo(auto)biografia" emergiu dessa abordagem, possibilitando-me uma entrada mais efetiva na esfera ficcional de obras que se apresentam como histórias de vida ou relatos memorialísticos de animais.

Uma parte dedicada aos cães ocupa um espaço privilegiado no conjunto, à qual se somam outras sobre diferentes espécies e indivíduos não humanos, como bois, aves, baratas e ursos. Já a última se concentra na literatura brasileira moderna e contemporânea, com ênfase nas poéticas e políticas da natureza do século XXI.

A título de epílogo, incluo uma das minhas últimas entrevistas sobre a temática do livro, a qual contribuiu para o avanço de alguns pontos que o atravessam e não deixa de funcionar como uma conclusão aberta e dialógica das questões apresentadas ao longo desta obra.

O presente trabalho só foi possível graças ao CNPq, que me concedeu uma Bolsa de Produtividade em Pesquisa para desenvolvê-lo, e ao Programa de Pós-Graduação em Teoria e História Literária da Unicamp, que acolheu o projeto a partir de 2019.

Da noite solitária,
veio o olhar do dia,
por toda parte
o olhar ressabiado do animal.

Outrora o fluxo dos animais era como seu leite.

Agora que se foram,
é sua resistência que nos falta.
John Berger

Um animal (qualquer)
se alça a pata espessa sobre o mundo
atormenta.
Luiza Neto Jorge

Para Eneida Maria de Souza,
in memoriam

Sumário

Prólogo. A esfera "zoo"
Zoografias   13
Um zoo de palavras   21
Contágios recíprocos   28

Parte 1

1. Literatura e subjetividade animal
"Eus" não humanos   35
Outros pontos de vista   41

2. Um canil literário
Interações/impregnações   45
Cães e literatura   49

3. Vidas caninas em Machado e Clarice
Nas margens do humano: o cão filósofo machadiano   57
"A cachorrice e a humanidade cálida"   64

4. Quando morre um cão
O exercício dos afetos   71
Mortes caninas   74
Matar por compaixão   76

5. Zoo(auto)biografias contemporâneas
O espaço biográfico   83
Biografias caninas   84
Os ursos heterônomos de Tawada   92

Parte II

1. Paradoxos da animalidade em Clarice Lispector e Hilda Hilst
No cerne do que vive   103
A barata pelo avesso   107
A vida urgente: alguns bichos de Hilda Hilst   112

2. A zoopoética de Carlos Drummond de Andrade
Drummond animalista   117
Vidas ao redor   122
Terra devastada   129

3. Alteridades não humanas e poéticas da natureza no Brasil contemporâneo
Viventes em perigo   133
Registros zooliterários   137
Escritas híbridas   140

Epílogo. Diálogo animal   149

Créditos   165
Referências bibliográficas   167
Agradecimentos   174

Sobre a autora   175
Sobre a concepção da capa   176

Prólogo. A esfera "zoo"

> *Animais: que termo confuso! O que o gafanhoto e o lobo têm em comum além do fato de não serem humanos? Quem é mais parecido: o lobo e o gafanhoto, ou o lobo e eu?*
> J. M. Coetzee, *Contos morais*

> *Além do mais, quem entre o Homem e o animal é verdadeiramente uma besta? Vasta questão!*
> Alain Mabanckou, *Memórias de porco-espinho*

Zoografias

A palavra "animal" teve um percurso tortuoso ao longo dos tempos, em diferentes línguas, contextos e culturas. Vários sentidos denotativos e conotativos foram a ela atribuídos, seja por vias científicas, filosóficas, políticas e religiosas, seja sob os influxos das superstições, dos preconceitos e da imaginação.

Se, em certos momentos da história do pensamento ocidental, "animal" não excluiu o humano, como na Antiguidade clássica, quando a palavra *anima* foi usada para designar o princípio da vida de todo ser animado, humano ou não,[1] em outros, sua carga semântica foi se formando pela exclusão dos humanos e em contraponto a eles, o que se concretizou de maneira contundente após o triunfo do

---
[1] Ver o tratado *De anima*, de Aristóteles (2006).

racionalismo cientificista no mundo moderno, quando a cisão entre homem/animal e humanidade/animalidade se tornou dominante no pensamento ocidental.

Essa cisão — estabelecida a partir do final do século XVII com a filosofia de René Descartes e consolidada ao longo do século XVIII — provocou não apenas o rebaixamento dos seres não humanos à última categoria na hierarquia dos viventes, como também a transformação do próprio termo "animal" num antônimo de "humano". Fundamentada a partir do que o filósofo francês considerava a faculdade suprema da existência, a razão (e, por extensão, a consciência), tal visão mecanicista tornou o animal um estranho a nós, um outro sem alma, incapaz de pensar e, consequentemente, reduzido a um mecanismo.

Como escreveu Benedito Nunes — um dos primeiros pensadores brasileiros a tratar desse tema —, em "O animal e o primitivo: os outros de nossa cultura", Descartes efetuou "depois da demonização cristã do animal, o primeiro corte moderno entre este e o homem" (Nunes, 2011, p. 14), visto que, para o filósofo francês, o animal (no singular genérico) era um mero corpo sem alma, um simples autômato, passível de todos os tipos de exploração e violência.

O escritor, pensador e artista britânico John Berger já havia discorrido sobre isso no ensaio "Por que olhar para os animais", de 1977, ao mostrar como essa ruptura "internalizou *dentro do homem* o dualismo implícito na relação dos humanos com os animais" (Berger, 2021, p. 26), abrindo, nos primeiros estágios da modernidade industrial, terreno para o uso indiscriminado dos animais como máquinas ou como objetos de exposição pública em locais de confinamento. Acrescenta ainda que, com o avanço capitalista, depois que o modelo de Descartes foi finalmente ultrapassado, eles passaram a ser convertidos em matéria bruta para a fabricação de alimentos processados como mercadorias manufaturadas, o que estava em sintonia com o próprio "processo que isolou o homem em unidades de produção e consumo" (Berger, 2021,

p. 27-8), visto que o modo como os animais foram tratados acabou por prefigurar as maneiras como os próprios humanos o seriam.

Tal marginalização radical dos bichos é abordada por Berger em várias situações — físicas e culturais —, com ênfase nos zoológicos, que aparecem não apenas no referido ensaio, como também no texto "O teatro dos grandes primatas", de 1990, em que o escritor descreve o zoo da Basileia como "um estranho teatro" e apresenta o público de todas as idades que o frequenta. Para tanto, mistura memória familiar, considerações etológicas sobre as habilidades, percepções e emoções em orangotangos, gorilas e chimpanzés, além de recuperar Darwin sob uma nova perspectiva[2] e buscar na poesia os recursos para falar da origem da vida.

Hoje, poderíamos acrescentar, essa marginalização atingiu dimensões impensáveis, com a excessiva mercantilização da vida e as práticas cada vez mais sofisticadas de "produção" animal em cativeiros, fazendas e granjas industriais do mundo contemporâneo, além do tráfico de animais silvestres e da destruição de inúmeras espécies ocasionada pela devastação descontrolada das florestas, entre outras práticas nefastas, o que tem comprometido a sobrevivência da própria humanidade, que corre o risco de se tornar também uma espécie em extinção.

No que tange especificamente à conversão, ao longo dos tempos, do próprio termo "animal" num antônimo de "humano", uma visita aos dicionários de língua portuguesa permite-nos identificar elementos explícitos dessa marginalização apontada por Berger, o que se dá a ver especialmente nos sentidos conotativos (a maioria, pejorativos) depositados sobre a palavra. Não bastasse se referir a qualquer outro animal que não o homem, ela ainda se presta a qualificar e desqualificar atributos ou comportamentos humanos.

---
[2] O pensamento darwinista seria, segundo ele, "uma resposta criativa à aterrorizante imensidão que assim se abria" (Berger, 2021, p. 46).

As metáforas oriundas do termo e seus derivados são muitas e variadas, numa evidência de que, no discurso dominante sobre o animal, a metáfora não possui necessariamente um valor estético, mas é um juízo de valor.[3] Como um signo multifacetado, contaminado por valores socioculturais, "animal" acabou por se tornar também, para além de sua circunscrição biológica, um "objeto cultural" repleto de conotações no mundo ocidental.

No dicionário *Houaiss*, por exemplo, depois do significado extraído da zoologia, segundo o qual "animal" é a "designação comum aos organismos do reino *Animalia*, heterotróficos, multicelulares e com capacidade de locomoção", são arrolados outros, atrelados à ideia de irracionalidade, a exemplo de "relativo ao irracional, que tem as qualidades dos irracionais". A esses se somam ainda os figurativos, como "irracional em sua voluptuosidade; lascivo" e "pessoa estúpida, grosseira, cruel".

Já no *Aurélio*, a primeira definição não exclui a sensibilidade como um atributo do animal — "ser vivo organizado, dotado de sensibilidade e movimento (em oposição às plantas)" —, à qual se seguem a definição zoológica e as variações pejorativas do termo. No subitem "animal racional", consta que a expressão designa "qualquer dos animais superiores, à exceção do homem, qualquer dos brutos". Quanto à palavra "animalidade", ela aparece como "caráter ou condição do que é animal", enquanto o verbo "animalizar", como "tornar bruto; embrutecer, bestializar".

Vale ainda mencionar o *Dicionário de Língua Portuguesa* da Editora Porto, que reforça a antinomia humano/não humano ao incluir, entre outros, estes significados para "animal": "1. (Biologia) ser vivo eucariótico, pluricelular, macroconsumidor e heterotrófico por ingestão, dotado de sensibilidade, capacidade de locomoção e de resposta a estímulos. 2. Organismo vivo com essas características e destituído de razão, por

---

3 Cf. Armelle le Bras-Chopard, *Le zoo des philosophes*, 2000, p. 21.

oposição ao ser humano". Adjetivos como "sensual", "lascivo", "material", "físico" aparecem no verbete como sentidos figurados, enquanto o verbo transitivo e pronominal "animalizar" é definido como "rebaixar(-se) a um nível próprio de animal irracional; tornar(-se) animalesco; embrutecer(-se)".

Percebe-se, em todas essas obras de referência, que a definição de animal tende a não incorporar o homem e, quando se relaciona ao universo humano, o faz com propósitos depreciativos. Nesse sentido, assume seu papel constitutivo de uma concepção negativa e antropocêntrica do mundo zoo. Trata-se, aí, de uma negatividade que se justifica não apenas pela marginalização dos seres não humanos na hierarquia dos viventes, como também pela demarcação dos chamados "próprios do homem", ou seja, faculdades, habilidades e qualidades consideradas exclusivas da espécie humana e negadas aos demais seres vivos: pensamento, linguagem, sentimentos, habilidades cognitivas e artísticas, cultura, enfim, capacidade de ter saberes e um ponto de vista próprio sobre o mundo.

Jacques Derrida deteve-se nesses "próprios do homem" em *O animal que logo sou (A seguir)* e nos seminários de *La bête et le souverain* [A besta e o soberano], ao mostrar como a construção do conceito de animal se sustentou na subtração do que, segundo o pensamento humanista logocêntrico, seriam propriedades exclusivas dos humanos.

O termo "animal" também é discutido pelo filósofo franco-argelino, que, em *O animal que logo sou,* questiona a sua utilização nos discursos racionalistas, alegando ser esse um uso que confina todos os bichos num vocábulo genérico e homogeneizante, convertido em conceito:

> Neste conceito que serve para qualquer coisa, no vasto campo do animal, no singular genérico, no estrito fechamento deste artigo definido ("O Animal" e não "animais") seriam encerrados, como em uma floresta virgem, um parque zoológico, um território de caça ou de pesca, um viveiro ou um abatedouro,

um espaço de domesticação, *todos os viventes* que o homem não reconheceria como seus semelhantes, seus próximos ou seus irmãos. (Derrida, 2002, p. 64-5)

Antes dessas considerações, ele já havia lançado a sua exclamação "O animal, que palavra!", à qual acrescentou ser esse termo uma designação instituída pelos homens, convictos de que têm o direito e a autoridade de nomearem outro vivente da maneira como acham mais conveniente.

Animot é o neologismo que Derrida cria no idioma francês para fazer frente a esse aprisionamento verbal e conceitual do vocábulo/conceito "animal", valendo-se não apenas da associação sonora entre *mot* e *maux*, como também dos sentidos deflagrados por esse jogo linguístico. Ou seja, na palavra (*mot*) é possível ouvir o plural da palavra animal (*maux*), vide o vocábulo francês *animaux*. Com isso, ele mostra como a linguagem afeta o nosso acesso à complexidade da ordem não humana, não sem admitir que o neologismo também não passa de um artifício forjado pela razão, ou uma "quimera" — no sentido tanto de um híbrido, uma combinação heteróclita e incongruente de criaturas diversas, quanto de uma invenção fantasiosa.

Sob esse prisma, *animot* apresenta-se como uma construção verbal capaz de provocar várias reflexões que ultrapassam o terreno da linguagem e abrem-se a questões de ordem ética e política.

A palavra "animal" também é comumente atrelada a "besta", como se vê nos verbetes dos dicionários, o que remonta sobretudo à tradição judaico-cristã. Isso, se considerarmos que, além de ser um sinônimo de "burro" e poder ser usada regionalmente, no Norte e no Nordeste brasileiros, para designar a fêmea do cavalo, ela carrega toda uma carga simbólica relacionada à esfera do mal, associando-se, como substantivo, tanto a um monstro não humano quanto a um humano monstruoso, movidos pelos instintos e pela violência. Como adjetivo, caracteriza uma pessoa grosseira, desumana ou ignorante. Serve ainda para qualificar alguém presunçoso ("metido a besta") ou indicar perplexidade diante de algo ("estar besta"). Da palavra advêm várias outras, como bestialidade, bestial, bestagem, besteira e bestice, bem como as expressões "besta-fera" e "besta humana".

Já nas línguas francesa e inglesa, "besta" (*bête* e *beast*) é associada também ao que, em português e espanhol, designamos de "bicho". Uma associação que amplia o escopo do vocábulo e o torna mais complexo. No caso da palavra "bicho", vale pontuar que ela possui peculiaridades interessantes, dada sua carga também afetiva e positiva em certos usos para designar um animal não humano. Aliás, um dos sentidos para ela registrados é "qualquer animal, com exceção do humano", e, quando usada para este, pode ter conotações diferentes e por vezes contraditórias: "indivíduo fisicamente feio ou ridículo", "indivíduo exímio no que faz ou sabe" e "indivíduo decidido, desassombrado, cheio de vitalidade", para não mencionar seu emprego como gíria para "amigo, camarada". Sua origem está no latim vulgar *bēstĭu*, masculino de *bēstĭa*.

Nos seminários de *La bête et le souverain*, publicados em dois volumes, em 2008 e 2010 respectivamente, Derrida lida com a noção de "besta" atento às dimensões ético-políticas que a atravessam e, num movimento que poderia ser definido como *à pas de loup*, vai entrelaçando a história da soberania política com a do tratamento dispensado pelos humanos à vida dita animal em todos os seus registros: "caça e domesticação, história política dos parques e jardins zoológicos, adestramento, exploração industrial e experimental do vivente animal, figuras de 'bestialidade', 'bestice' etc." (Derrida, 2008, p. 13).

Ao sondar o substantivo e o adjetivo *bête* na língua francesa, ele chama a atenção para o fato de que apenas a menção à palavra não é suficiente, já que se faz necessário um início de discurso, ou uma frase, para definir se o termo é um substantivo ou um adjetivo. Enquanto qualificativo, entretanto, o termo deixa de se referir ao animal e é usado como atributo humano, quando não para qualificar um evento, uma coisa, algo que escapa às categorias de seres vivos. Daí que bestice e bestialidade, longe de serem a essência da besta, se afirmam como atributos do humano. Como diz o autor, "se o próprio do homem é o propriamente humano, o próprio da besta não é certamente nem o 'propriamente besta' da bestialidade nem o 'propriamente besta' da bestice" (Derrida, 2008, p. 194).

Os desdobramentos dessa incursão linguística são muitos ao longo dos seminários derridianos, e abordá-los aqui demandaria um desvio destas breves considerações sobre a palavra enquanto um dos correlatos de "animal", antes de entramos no campo da literatura, foco principal deste livro.

De qualquer forma, não há como não considerar esses apontamentos de Derrida no trato da palavra e do conceito "besta", que está na base dos chamados bestiários surgidos na Idade Média, que foram fundamentais para a carga simbólica e alegórica que, desde então, atravessaria o enfoque dos animais na literatura ocidental.

Pode-se dizer que as maneiras de definir, conceituar e descrever os animais estão contaminadas por valores de ordem ética, política, religiosa ou estética, incidindo também nas definições, conceitos e descrições que os homens fazem de sua própria espécie, além de reforçarem a hierarquia dos seres vivos estabelecida desde o Antigo Testamento e a cisão moderna entre homem e animal.

Como se isso não bastasse, elas ainda contribuem para que certos grupos de humanos, associados pejorativamente a animais, também sejam marginalizados e explorados pelo poder soberano. É o que resume Marguerite Yourcenar neste contundente fragmento de seu ensaio "Para onde vai a alma dos animais?":

Lembremo-nos, pois é necessário estarmos sempre nos chamando a atenção, que haveria menos crianças mártires

> se tivesse havido menos animais torturados; menos vagões lacrados levando para a morte as vítimas de uma ditadura qualquer, se não tivéssemos nos acostumados com os furgões em que os animais agonizam sem alimentação e sem água a caminho dos matadouros; menos caça humana teria sido abatida a tiros se o gosto e o hábito de matar não fosse o apanágio dos caçadores. (Yourcenar, 1985, p. 143)

Afinal, o antropocentrismo logocêntrico só vem tornar cada vez mais manifesta e cruel a progressiva conversão do discurso dominante sobre os animais em discurso dominador, deflagrando práticas de violência contra esses e outros viventes.

Assim, do vocábulo ao conceito e desses às práticas efetivas de marginalização, exclusão, exploração e crueldade que permeiam as relações entre animais humanos e não humanos, todo um zoo imaginário também foi construído, com diferentes nuances, ao longo dos tempos.

Um zoo de palavras

Sabe-se que os animais sempre frequentaram o imaginário cultural da humanidade, sob diferentes configurações poéticas, artísticas e religiosas, evidenciando a nossa intrínseca (e milenar) relação com os viventes que compartilham conosco a experiência do mundo.

No Ocidente, toda uma tradição zoo, feita de seres reais e fantásticos, pode ser traçada nas artes e na literatura desde os tempos mais remotos, sob o influxo direto de mitos, crenças e saberes populares de origens variadas. Sobretudo a partir das fábulas de Esopo e dos compêndios zoológicos do mundo antigo, como *A história dos animais*, de Aristóteles — escrita na última parte da vida do autor, entre 335 e 322 a.C. —, a presença dos animais foi ostensiva nas letras greco-latinas do mundo clássico, adquirindo, inclusive, dimensões de ordem ética e até mesmo etológica, como atestam os trabalhos precursores de Plutarco e Porfírio.

Obras poético-ficcionais — a exemplo de *O asno de ouro* (também conhecido como *Metamorfoses*), escrito por Apuleio, no século II d.C., e *As metamorfoses* (ano 8 d.C.), de Ovídio, entre outras — também vieram se somar posteriormente a esse repertório, junto com os volumes enciclopédicos sobre a natureza que compõem a monumental *História natural* (23/24-79 d.C.) de Plínio, o Velho, em que aos animais de diferentes espécies é dada uma especial e detalhada atenção. Nesse caso, numa mistura de observação direta, pesquisa erudita, superstições e fantasia, com tons líricos e filosóficos em muitas passagens. Como bem observou Italo Calvino no ensaio "O céu, o homem, o elefante", "a ciência de Plínio oscila entre a intenção de reconhecer uma ordem na natureza e o registro do extraordinário e do único: e o segundo aspecto acaba sempre vencendo" (Calvino, 1993, p. 46).

Na Idade Média, além dos tratados enciclopédicos que se voltaram para a sondagem do reino animal, a exemplo das *Etimologias* (século VII) de São Isidoro de Sevilha, surgiram também os bestiários, que proliferaram sobretudo a partir do século XII, na Europa. Posteriormente, foi a vez das enciclopédias da natureza do período renascentista e dos relatos sobre a fauna e a flora do chamado "Novo Mundo" feitos pelos viajantes europeus do século XVI, além de outros trabalhos enciclopédicos que antecederam a já referida onda cientificista que atravessou a era moderna.

Pelo menos até o advento do darwinismo, que marcou uma virada radical na abordagem dos viventes não humanos e nossos vínculos com eles, deflagrando também novas formas de suas figurações na literatura, pode-se dizer que predominou na literatura uma cadeia de símbolos, alegorias e metáforas animais, quase sempre a serviço dos valores humanos. As fábulas, de um lado, e os bestiários medievais, de outro, firmaram-se, de modos diferentes, como modelos para toda uma linhagem zooliterária pautada ora no antropomorfismo, ora na teratologia. Isso, para não mencionarmos os desdobramentos morais e religiosos que nela incidiram.

Inúmeras imagens e descrições proliferaram a partir desses modelos, as quais reforçaram os diversos e controversos sentidos conotativos da palavra "animal". Mas, diferentemente dos conceitos homogeneizantes do pensamento filosófico-político, elas são carregadas das distintas particularidades simbólicas pertinentes a cada uma das espécies animais evocadas ou representadas. Ou seja, faculdades e características atribuídas a determinados bichos são ressaltadas nesses textos e convertidas, por um processo de transposição, em vícios e virtudes de seres humanos, sempre com propósitos moralistas e/ou religiosos.

No que diz respeito às fábulas, consta que o gênero surgiu no Oriente, tendo ido da Índia à China e à Pérsia, até chegar à Grécia provavelmente por volta do século VI a.C., quando Esopo — uma figura lendária, com poucas informações históricas — reinventou-o. A partir de então, tomou diferentes feições e finalidades, entre elas, a de divertir e de aconselhar. Com histórias protagonizadas por animais e tom sentencioso, tendente ora ao proverbial, ora ao satírico, atravessou os séculos e contagiou outras culturas.

La Fontaine, no prefácio que compôs para a primeira edição de suas *Fábulas*, de 1668, afirmou que elas não são apenas morais, mas dão, além disso, outros conhecimentos, já que as diferentes características dos animais de acordo com sua espécie são nelas expostas e transpostas aos homens, podendo ser consideradas um conjunto de traços em que os humanos se veem retratados:

> Quando os animais estão em cena — sozinhos, relacionando-se entre si ou mesmo relacionando-se com uma figura humana —, as histórias tendem a explorar os traços convencionais de alguns, como o poder do leão, a espertaza da raposa,

a voracidade do lobo, o caráter traiçoeiro da cobra, a fragilidade dos cordeiros e ovelhas, o que permite uma associação imediata com tipos humanos.[4]

A isso se soma uma inevitável antropomorfização dos animais, geralmente providos de linguagem verbal e inseridos num campo de ações, hábitos e inter-relações próprio da vida social dos humanos, sob a égide dos valores e preconceitos que a sustentam. Nesse sentido, a fábula apresenta um traço dúplice: ao mesmo tempo que mantém a aproximação entre animais e homens, põe aqueles a serviço desses e retira-lhes a autonomia enquanto viventes.

Se esse caráter contraditório das narrativas fabulares, por um lado, reforça a supremacia da dimensão humana em relação às demais, possibilita, por outro, certa conexão entre os viventes, o que acaba por colocar a fábula, após a ruptura promovida pelo antropocentrismo moderno, na contramão dessa separação radical entre humanos e não humanos. Sob essa perspectiva, o próprio antropomorfismo deixa de ser um recurso tão pernicioso quanto muitos estudiosos da questão acreditam ser. Mesmo que ele endosse o antropocentrismo, pela maneira como os bichos são usados para a formulação de sentenças edificantes para a humanidade, o antropomorfismo, nesse caso, funciona como um recurso capaz de figurá-los como seres inteligentes, sensíveis e dotados de saberes sobre a vida e o mundo. É esse o paradoxo que o define.[5]

No que se refere aos bestiários — manuscritos ilustrados, repletos de descrições de animais reais e fabulosos, com uma explícita carga religiosa e moral —, vale lembrar que eles surgiram a partir de um livro de autoria incerta, surgido provavelmente no século II, na Alexandria, sob o título *Physiologus*, que se tornou bastante popular na Europa a partir do

---

4 André Malta, "Apresentação às Fábulas de Esopo". In: Esopo, *Fábulas*, 2020, p. 15-6.
5 Lucile Desblache tratou dessas e outras contradições da fábula enquanto modalidade literária. Cf. Desblache, "As vozes dos bichos fabulares: animais em contos e fábulas", 2011, p. 296-314.

século V. Nele, encontra-se toda uma reconstituição alegórica do mundo zoo à luz dos preceitos cristãos, com descrições de animais feitas a partir de referências bíblicas, mescladas aos saberes acumulados pelos naturalistas do mundo antigo.

Foi a partir do século XII que os chamados bestiários se afirmaram como obras literário-iconográficas, com variados matizes e funções em cada país onde afloraram. Aos poucos, o gênero abriu espaço a outros elementos que não os que compuseram a modalidade religiosa, o que possibilitou o surgimento dos bestiários satíricos e eróticos. Contaminou, ainda, diferentes práticas culturais do tempo, como a escultura, a pintura, a tapeçaria, o vestuário e a decoração de utensílios. Tal expansão contribuiu para pluralizar mais ainda o conceito de bestiário, à medida que este deixou de se circunscrever aos livros ilustrados, pseudocientíficos e de caráter edificante, para abranger novas expressões artísticas.

Se, mais adiante, os bestiários tiveram grande relevância enquanto provedores de referências para a tradição enciclopédica renascentista, eles não deixaram também de contaminar os registros dos viajantes europeus ao território latino-americano, os quais apresentaram ricas e prodigiosas descrições da fauna do chamado Novo Mundo. Vieram à tona, nesse contexto, relatos zoológicos como os de Pero Vaz de Caminha, Gandavo, Gabriel Soares de Sousa, os jesuítas, os viajantes alemães (como Ulrico Schmidl e Hans Staden), o espanhol Cabeza de Vaca e o francês André Thevet, que se dedicaram a descrever papagaios, cobras, tatus, gambás, tucanos, iguanas, macacos, entre outros animais encontrados na fauna do continente, complementando seus relatos com detalhes muitas vezes fantásticos. Uma deliciosa compilação desses relatos, aliás, pode ser encontrada no livro *Zoologia fantástica do Brasil* (1934), de Afonso d'Escragnolle Taunay, também autor de *Monstros e monstrengos do Brasil* (1937), dedicado ao mesmo tema. Em ambas, o historiador catarinense não só faz uma recolha exaustiva da variedade zoológica do país, tal como esta foi registrada por alguns dos cronistas europeus, como ainda investiga as interações desses relatos com a mitologia clássica, os bestiários medievais e as lendas indígenas latino-americanas.

Deflagradas, portanto, pela profusão das zoocoleções antigas, medievais e renascentistas, muitas outras sugiram e se desdobraram ao longo dos séculos seguintes, sob distintas nuances, em países e culturas do mundo ocidental. Mas o período que marcou a grande virada na maneira de lidar com o mundo zoológico e, consequentemente, propiciou novas abordagens literárias e estéticas dos animais foi, sem dúvida, o século XIX, como já foi dito aqui, com o advento da modernidade e o avanço das ciências da vida, em especial o evolucionismo de Charles Darwin, que veio evidenciar as origens animais do humano.

Darwin, aliás, foi fundamental para que a condição de sujeitos fosse atribuída aos animais, por nesses reconhecer faculdades até então — e mesmo ainda hoje — consideradas exclusivas dos humanos, como inteligência, memória, senso de humor, atenção, imaginação, emoções complexas, associação de ideias e até mesmo autoconsciência, como se pode atestar em suas obras tardias, *The Descent of Man* [A descendência do homem], de 1871, e *A expressão das emoções no homem e nos animais*, de 1872.

Além de ter relativizado a oposição entre instinto e razão, por considerar que um alto grau de inteligência é compatível com instintos complexos, Darwin assegurou, em *The Descent of Man*, que "não existe nenhuma diferença fundamental entre o homem e os mamíferos superiores quanto às suas faculdades mentais" (Darwin, 2004, p. 88). E não apenas os mamíferos, já que, para ele, outros animais poderiam ser considerados superiores, como aves e insetos, uma vez que a "superioridade" adviria exatamente das qualidades acima arroladas, as quais se manifestariam em diferentes graus de acordo com a espécie e com os indivíduos que a integram.

Essa "virada" contagiará, inevitavelmente, a produção simbólica em torno dos viventes não humanos e de nossas interações com eles. A presença dos animais na literatura e nas artes ganha, assim, insuspeitados contornos e uma notável complexidade. Tomados como animais-animais, que sentem, sofrem, possuem habilidades próprias e autoconsciência, eles passam a povoar o imaginário da literatura e das artes a partir do final do século XIX, sob uma perspectiva mais ética e não circunscrita aos recursos da metáfora, da alegoria, do antropomorfismo e da metamorfose.

Tais mudanças, todavia, não significaram um descarte total dos elementos fantásticos, simbólicos e alegóricos para que uma visão realista do mundo zoo se impusesse no horizonte moderno da criação. Os exercícios da imaginação fabulosa continuaram a existir na modernidade, só que reinventados à luz de outras referências, como fez Franz Kafka — um dos autores responsáveis por esse outro enfoque, que reconfigurou, de maneira surpreendente, as ideias de antropomorfismo e metamorfose.

Não bastasse isso, houve ainda uma retomada positiva da noção de animalidade nas obras de diversos autores, bem como uma investigação criativa dos limites e liames entre humano e não humano. O que possibilitou que as reflexões sobre essa literatura também se ampliassem e adquirissem uma nova feição, suscitando, inclusive, a emergência de novos conceitos, de caráter híbrido, como os de "zooliteratura" e "zoopoética".

O primeiro designaria o conjunto de práticas literárias ou obras (de um autor, de um país, de uma época) que priorizam o enfoque de animais a partir de diversos recursos ficcionais e estratégias narrativas. Sua abrangência adviria da amplitude da própria palavra "literatura", só que afetada pelo prefixo "zoo". Daí ser possível falar tanto de "zooliteratura ocidental", ou "zooliteratura brasileira", quanto de "zooliteratura do século XX", a "zooliteratura de Clarice Lispector" ou a "zooliteratura contemporânea". O termo poderia, sob esse prisma, ser concebido como alternativa a "bestiário", largamente usado no decorrer dos séculos e que tenho preferido empregar apenas no sentido estrito de coleção/catálogo de animais reais e fantásticos, ou seja, enquanto gênero literário-iconográfico oriundo da cultura medieval.[6]

Já o termo "zoopoética" tem sido utilizado para nomear tanto o estudo teórico de obras literárias e artísticas sobre animais, quanto a produção *poética* específica de um autor voltada para esse universo animalista. Ou seja, o substantivo "poética" — com todos os seus sentidos acumulados — se mantém, mas moldado e particularizado pelos efeitos do prefixo.

É possível dizer que ambos — "zooliteratura" e "zoopoética" — permitem-nos uma compreensão dos animais, da animalidade e das interações humano/não humano também pela via dos sentidos e da imaginação. Graças às experiências ficcionais e poéticas dos escritores, atravessamos as fronteiras entre as espécies e acedemos à outra margem, a dos animais não humanos, num encontro também com a animalidade que está dentro de nós. Ademais, vê-se que esses espaços de reflexão, hoje, não deixam de se ampliar a partir de influxos de áreas afins, como a ecocrítica, que expande a questão animal ao articulá-la às poéticas e narrativas da natureza, em sintonia com os estudos sobre meio ambiente.

Dessa maneira, a literatura afirma não apenas seu potencial de provocar atos internos em nós, leitores, como também nos ensina a lidar, por rotas criativas, com as alteridades radicais e os saberes que se inscrevem nos variados espaços do mundo "zoo", além de se abrir à complexidade múltipla do mundo natural.

Contágios recíprocos

Percebe-se, por outro lado, que a própria biologia, em suas diferentes ramificações, tem se valido, nos últimos anos, de recursos poético-narrativos em livros resultantes de pesquisas

---

6 Acrescente-se que, mesmo nesse sentido de coleção, outros termos têm sido utilizados, como "animalário" e "bichário".

científicas, numa retomada radical das experiências literárias realizadas por Darwin, de maneira precursora, na escrita científica. É o caso de *Eloquência da sardinha — histórias incríveis do mundo submarino*, do naturalista francês Bill François, todo voltado para os habitantes das águas oceânicas e seus saberes sobre a vida, e de *O que diriam os animais?*, da etóloga e filósofa belga Vinciane Despret, que se apresenta como um divertido abecedário que burla as normas taxonômicas e incorpora procedimentos fabulares para descrever peculiaridades comportamentais de diferentes bichos, com ênfase na inteligência desses viventes.

Despret, inclusive, radicaliza ainda mais esses artifícios em *Autobiografia de um polvo*, livro marcado por uma configuração híbrida, composta de ciência, ficção científica e filosofia, com traços que remetem também, de certa forma, ao universo ficcional do conto "Tlön, Uqbar e Orbis Tertius", de Jorge Luis Borges. A autora se vale de nomenclaturas inventadas pela escritora estadunidense Ursula K. Le Guin, como "therolinguística", para criar um mundo ambientado no futuro, no qual os avanços da etologia e dos estudos linguísticos já evidenciariam a capacidade de viventes não humanos produzirem escritos literários "e outras formas expressivas, que transbordam as categorias literárias humanas (e remetem então a outro campo de especialização, ligado às ciências cosmofônicas e paralinguísticas)" (Despret, 2022, p. 10).

O biólogo italiano Alessandro Boffa também merece destaque nessa constelação com *Você é um animal, Viskovitz!*, por parodiar a linguagem técnica dos tratados de ciências biológicas para compor uma série bem-humorada de vinte pequenos contos, sempre protagonizados por um animal chamado Viskovitz, que assume e adquire a forma de diferentes espécies, que vão do micróbio ao porco. O autor embaralha ironicamente as espécies animais e reconfigura os saberes científicos através da fabulação, do humor e da reflexão imaginativa.

Já num registro bastante diferente, por se tratar de um relato pessoal, vale ainda mencionar o livro *Escute as feras*, da antropóloga francesa Nastassja Martin, centrado numa experiência traumática vivenciada pela autora nas montanhas de Kamtchátka em 2015, quando investigava as sociedades dos caçadores, pescadores e pastores de renas na Sibéria Oriental. De modo pungente, poético e reflexivo a um só tempo, ela registra o inesperado encontro/embate com um urso que muda de vez a sua vida, deixando em seu corpo e no da fera uma inscrição/cicatriz profunda e radical.

O urso arranca uma parte do rosto e três dentes da antropóloga, além de lhe quebrar o osso zigomático direito, causando-lhe muitos ferimentos. Ela, com um instrumento cortante usado em atividades de alpinismo, reage e ataca a fera, que, também ferida, abandona a presa e foge. Trata-se de uma luta provocada pelo que a escritora portuguesa Maria Gabriela Llansol chamaria de "um encontro inesperado do diverso". Mulher e fera olham-se e, nessa troca de olhares, rasuram as fronteiras que as separam enquanto espécies. São duas animalidades em confronto, do qual resultam duas subjetividades atravessadas pelo contágio recíproco e por novas formas de existência para ambos os viventes. Em cada corpo, uma inscrição.

No entanto, nessa travessia dos limites entre o humano e o não humano existe um ponto que não pode ser ultrapassado, já que no "encontro do diverso" as diferenças não desaparecem, as individualidades intrínsecas se mantêm, a distância se sustenta na proximidade. Sempre há um limite no próprio traspassamento. Daí ser necessário o que Matthew Calarco chamou, em seu livro *Thinking Through Animals* [Pensando através dos animais], de uma ética da diferença no trato das alteridades não humanas, visto que os outros viventes são eticamente diferentes de nós e irredutíveis às nossas formas de compreensão, aos nossos projetos e interesses. Isso, apesar de vários deles possuírem faculdades e habilidades que muitas vezes se confundem com as nossas (Calarco, 2015, p. 39).

Todos esses livros, e outros aqui não contemplados, vêm mostrar, por vias oblíquas, não apenas o quanto a literatura (em seus diversos gêneros) possui um papel importante para o surgimento de outros tipos de conhecimento sobre a vida ao redor, mas também como a própria natureza é pródiga em espécies e indivíduos não humanos de grande complexidade, que podem surpreender a nossa própria experiência e imaginação.

Se a literatura não tem que dar, necessariamente, respostas às questões do mundo, ela pode, por certo, provocar novas indagações e nos mostrar que não existem respostas definitivas para o que está em constante movimento e nos sobressalta a cada instante no mundo vivo.

Parte I

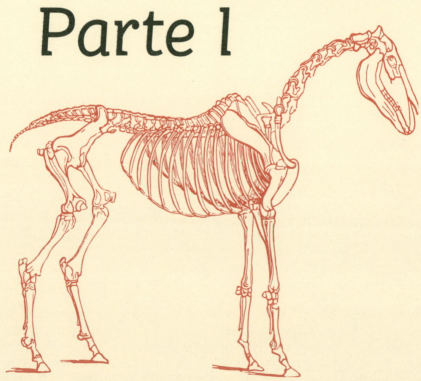

1. Literatura e subjetividade animal

> *Através do outro, e em face do outro, sob o seu olhar,*
> *um ser sendo forja a sua identidade.*
> Maria Gabriela Llansol

> *Os olhos do bicho ruminam.*
> Eucanaã Ferraz

"Eus" não humanos

O que uma ursa, caso tivesse acesso à linguagem verbal, escreveria sobre um romance que encena ficcionalmente os "eus" de três ursos-polares de três diferentes gerações familiares, em suas relações com diversos integrantes da espécie humana? Será que ela desqualificaria o olhar de quem escreveu o livro pelo simples fato de este não ter sido escrito por um animal não humano? Será que o refutaria a partir de seu próprio ponto de vista sobre o que é narrado?

Talvez ela pudesse se divertir com o que foi descrito, rir da nossa incompetência em sondar a vida íntima dos ursos. Ou ficar indignada tanto com as coisas que estão lá expostas indevida ou erroneamente, quanto com as que *não* estão e deveriam estar. Em última hipótese, ela não teria entendido nada que consta do livro, já que sua lógica não é a mesma da pessoa que se dispôs a entrar na interioridade dos ursos para relatar, na perspectiva deles, as coisas que viveram.

Isso poderia acontecer também com um falcão que resolvesse examinar um poema cujo eu lírico é um indivíduo de sua espécie, como o que aparece no poema "Falcão no galho", de Ted Hughes, e relata sua própria experiência de inação, "pousado, olhos cerrados, sobre um galho áspero" (Hughes, 2020/2021, p. 61). Poderia acontecer, aliás, com todos os bichos que são levados para o espaço da escrita como sujeitos biográficos ou autobiográficos.

Tais especulações, que não se dissociam de toda uma discussão transdisciplinar sobre diferenças e semelhanças, interações e embates, afinidades e dissonâncias entre seres humanos e não humanos, são inevitáveis quando se trata de literatura. Adotar o ponto de vista de uma alteridade radicalmente outra é enfrentar o não sabido e demanda um salto, ainda que imaginário, para o outro lado da fronteira. Cabe a quem se propõe a isso um intenso exercício conjetural, de maneira que a sondagem das subjetividades alheias possa ser feita e traduzida em palavras. Ainda assim, é impossível saber os reais sentimentos e pensamentos desses "outros mais que outros" que buscamos traduzir. Se a animalidade é o que aproxima o humano de outros animais, cada espécie e cada espécime têm seus próprios graus de complexidade e singularidade.

Vale evocar, sob esse prisma, a célebre sentença "se o leão pudesse falar, não o poderíamos compreendê-lo", que Wittgenstein formulou em *Investigações filosóficas* (Wittgenstein, 1979, p. 216) a partir de uma frase de Ovídio, segundo a qual "se o animal falasse, nada diria". Ou seja, ele reconhece que a lógica que perpassa a linguagem humana não é a mesma que atravessaria as palavras de um não humano caso este pudesse falar como nós. Se é possível para um escritor supor o que se passa na cabeça de um animal, o que se passa nessa cabeça não condiz necessariamente com o que é descrito ou encenado através de palavras. Isso se aplicaria também, é claro, à impossível possibilidade de um falcão entender a visão que um poeta tem sobre seu estado interior quando pousa, imóvel, sobre um galho e de uma ursa entender o que de fato uma escritora pensa sobre ela ao torná-la uma personagem/narradora, visto que sua apreensão do mundo se insere num registro inteiramente diverso ao da razão humana.

Mesmo que os estudos contemporâneos de etologia reconheçam que muitas espécies não humanas são providas de consciência, o que havia sido também sustentado por Charles Darwin em suas obras de 1871 e 1872, já referidas no prólogo deste livro, não é possível, como escreveu o etólogo brasileiro César Ades no ensaio "O morcego, outros bichos e a questão da consciência animal", "chegar a um conhecimento dos conteúdos desta consciência" (Ades, 1997, p. 141). Isso porque as tentativas de penetrar na consciência do animal e traduzir suas possíveis percepções em percepções humanas só levam a conjeturas e metáforas.

De fato, novas e reveladoras descobertas científicas sobre animais de várias espécies têm sido frequentemente divulgadas, o que não apenas contribui para a desestabilização dos chamados "próprios do homem" que sustentaram e ainda sustentam o antropocentrismo do pensamento ocidental, como também põem em xeque a premissa de que só ao homem pode ser garantido o estatuto de sujeito. Foram, aliás, essas descobertas neurocientíficas e o reconhecimento de que não somos os únicos viventes dotados de subjetividade que levaram o filósofo e etólogo francês Dominique Lestel a caracterizar essa desestabilização (ou abalo sísmico) do antropocentrismo de a "quarta ferida do narcisismo humano" em sua obra *L'Animal singulier* [O animal singular]. Após enumerar as outras três, provocadas, respectivamente, por Copérnico (o homem não é o centro do universo), Darwin (o homem é um animal) e Freud (o homem não tem controle sobre o seu inconsciente), ele se atém à mais recente: "Não somos os únicos sujeitos do universo". Em suas palavras:

> Agora a humanidade vive sua quarta ferida narcísica. Não enxergar essa ferida já é um sintoma. Que ela ainda não tenha

sido levada em conta é outro sintoma. E a recusa em considerá-la um problema é um terceiro. (Lestel, 2004, p. 59-60)

Se, por um lado, a abertura da noção de sujeito a indivíduos de outras espécies animais se coloca como um desafio para a humanidade, por outro, nossa razão e nossas investigações científicas não são suficientes para que possamos compreender totalmente essas subjetividades alternativas. Tampouco são bastantes, para essa compreensão, os saberes empíricos de quem interage com os animais de outras espécies e compartilha com eles, num espaço comum, afetos, trocas e interesses.

Darwin, sem dúvida, já havia antecipado essa "quarta ferida", ao assegurar a condição de sujeitos aos animais de outras espécies que não a humana, embora ela só esteja se afirmando hoje. Já em 1871, o naturalista sustentava, em *The Descent of Man*, ser "inquestionável que os animais tenham sua individualidade mental" (Darwin, 2004, p. 106).

Na literatura, não são poucos os escritores que, cientes da nossa incapacidade de rastrear saberes, sentimentos, pensamentos e percepções desses outros por meios apenas racionais, buscam ocupar, ficcionalmente, a interioridade emocional e mental dos bichos para depois "traduzi-la" em linguagem humana, conferindo-lhes uma voz particular e um espaço poético ou narrativo na escrita.

Com esses recursos, tais escritores desafiam a natureza antropocêntrica, a qual determinou boa parte da literatura ocidental no decorrer dos séculos. Daí que a zooliteratura moderna e contemporânea tenha dado, por rotas bastante instigantes, uma centralidade maior às vidas animais, à luz das reflexões contemporâneas sobre os problemas éticos, políticos e ecológicos que incidem em nossas relações com esses viventes.

Tal mudança de parâmetros no trato poético-ficcional dos sujeitos não humanos possibilitou, ainda, o surgimento de novas estruturas textuais e modalidades de expressão, incluindo a incorporação de alguns recursos das fábulas, agora subvertidos em sua função original. O que se dá a ver, por exemplo, no conto "Conversa de bois", de Guimarães Rosa, que apresenta dois homens a conduzir um carro de bois pelo sertão do estado de Minas Gerais, enquanto os animais "conversam" sobre os percalços da vida bovina e sobre como eles veem os humanos. A certa altura, um deles diz:

> O homem é um bicho esmochado, que não devia haver. Nem convém espiar muito para o homem. É o único vulto que faz ficar zonzo, de se olhar muito. É comprido demais, para cima, e não cabe todo de uma vez, dentro dos olhos da gente.
> (Rosa, 1983, p. 286)

Ainda que, num primeiro momento, atribuamos ao texto rosiano um caráter fabular, já que nele os bois pensam e falam, os princípios que o norteiam são distintos dos que regem as fábulas tradicionais. Isso porque os bois de Rosa não se inscrevem no conto como meras representações do universo humano, tampouco a história possui um caráter moralizante ou edificante. Os bois rosianos estão longe de apenas significar, enquanto protagonistas da história, algo que ultrapassa os limites da condição animal que os define. Eles são, sim, animais-animais que expressam o que o autor imagina que eles falariam se pudessem fazer uso de palavras.

Ainda que a linguagem atribuída a eles seja a humana — e não haveria como ser diferente, já que todo animal literário o é graças aos artifícios verbais próprios da nossa espécie —, percebe-se que o autor adota uma postura particular, não submissa às convenções seculares em torno da figura animal, para lidar com os bichos. Se as palavras são próprias do humano, isso não quer dizer que, para Rosa, a capacidade de pensar, sentir, ter uma linguagem distinta e uma visão de mundo seja inerente a nós. Cabe a ele, enquanto escritor, tentar entrar — pelos esforços da inventividade e da empatia — no corpo do animal para capturar algo da subjetividade que lhe é própria e traduzi-la em linguagem humana.

Assim, ao se entranhar ficcionalmente no corpo dos bois para tentar captar e traduzir o modo como eles compreendem o mundo e os outros viventes, Rosa encena uma subjetividade que não apenas desafia o poder humano de compreensão, como também evidencia o caráter ficcional dessa tarefa.

Ademais, os bovinos rosianos fazem emergir, entre outras, a questão: o que os animais sabem, de fato, sobre nós, humanos?

Foi essa, aliás, uma das indagações que instigaram Jacques Derrida em *O animal que logo sou (A seguir)*. Ao falar da experiência de ter sido observado por seu gato num momento de nudez, o filósofo admite: "Ele tem seu ponto de vista sobre mim". E pergunta-se, diante do animal que o olha: "Quem é este que eu sou?".

O mal-estar provocado sob a força desse olhar deve-se, por um lado, ao fato de o filósofo estar completamente nu e sentir vergonha da própria nudez. Isso, por causa do "olhar insistente do animal, um olhar benevolente ou impiedoso, surpreso ou que reconhece" (Derrida, 2002, p. 16). Por outro lado, ele se vê assaltado pela vergonha de sentir-se envergonhado de estar nu diante desse olhar. E é nesse duplo incômodo que o filósofo reconhece o gato como um outro completamente outro e, portanto, dotado de um saber também outro em relação ao que os humanos têm do mundo e de si mesmos. Em outras palavras, aquele gato é um sujeito que tem um saber próprio sobre o que olha. Contudo, não é possível, para nós humanos, sabermos exatamente o que ele sabe.

Se o olhar do gato de Derrida ou o de um boi pressupõe, como todo olhar humano ou não humano, um ponto de vista, isso sinaliza também a singularidade do que cada um desses outros vê. Isso porque não é apenas a visão física que determina esse ponto, uma vez que outros sentidos também instauram modos diferentes de apreender/interpretar o mundo. Em outras palavras, os olhos do gato ou os do boi não são suficientes para que o ponto de vista se inscreva e determine a singularidade do olhar, sem que haja uma relação sensorial (e mesmo emocional, dependendo da situação) com o que é visto ou percebido.

Outros pontos de vista

O antropólogo Eduardo Viveiros de Castro abordou essa questão em *A inconstância da alma selvagem* ao apresentar as contribuições do perspectivismo ameríndio para uma noção alternativa de sujeito. Ele assinala que o ponto de vista incide na constituição da subjetividade porque "todo ser a que se atribui um ponto de vista será então sujeito; ou melhor, ali, onde estiver o ponto de vista, também estará a posição do sujeito" (Castro, 2002, p. 373). Sob esse prisma, os animais não humanos, que são providos de um ponto de vista, também podem adquirir o estatuto de pessoas, a quem são atribuídas "as capacidades de intencionalidade consciente e de agência que facultam a ocupação da posição enunciativa de sujeito" (Castro, 2002, p. 373).

Viveiros de Castro ressalta, ainda, sob o prisma do pensamento ameríndio, que o ponto de vista está no corpo. Como ele explica, os animais "veem da mesma forma que nós coisas diversas do que vemos porque seus corpos são diferentes dos nossos" (Castro, 2002, p. 380). Diferença essa que não se inscreve, porém, no plano da anatomia, e sim no das potências e capacidades corporais, como ele explica em outro livro de sua autoria, *Metafísicas canibais*:

> O que estamos chamando de "corpo", portanto, não é uma fisiologia distintiva ou uma anatomia característica; é um conjunto de maneiras ou modos de ser que constituem um *habitus*, um *ethos*, um etograma. Entre a subjetividade formal das almas e a materialidade substancial dos organismos, há esse plano central que é o corpo como feixe de afetos e capacidades, e que é a origem das perspectivas. (Castro, 2015, p. 66)

O que os animais sabem sobre nós se inscreveria, em vista disso, no *modo* como cada um deles nos vê e nos percebe. E como não podemos rastrear esse saber por caminhos meramente racionais e científicos, resta-nos também conjeturar sobre ele. É o que muitos escritores fazem ao se imaginar dentro do animal e atribuir a ele uma voz, tentando depreender o que se passa em sua esfera íntima.

Essa tradução poético-ficcional do saber/olhar animal poderia ser associada, por vias transversais, ao que o etnógrafo brasileiro designou de "tradução perspectivista", própria, segundo ele, dos xamãs, uma vez que no xamanismo ameríndio "conhecer é 'personificar', tomar o ponto de vista daquilo que deve ser conhecido" (Castro, 2015, p. 50). Ao atravessar os limites do próprio corpo e da própria espécie para entrar em outros espaços de subjetividade, o xamã exercitaria, portanto, um modo (ou um ideal) de conhecimento através do processo de personificação. Conhecer torna-se, assim, "tomar o ponto de vista daquilo que deve ser conhecido — daquilo, ou antes, daquele".

Não à toa, a figura do poeta/escritor já tenha sido aproximada por alguns estudiosos de poesia à figura do xamã, uma vez que o ofício da escrita consiste também num processo de tradução/encenação de subjetividades alheias. Sob esse enfoque, se os xamãs assumem "o papel de interlocutores ativos no diálogo transespecífico", os poetas/escritores poderiam ser tomados como aqueles que, ao entrarem imaginariamente num corpo não humano, também promoveriam esse diálogo interespécies, traduzindo em palavras o ponto de vista apreendido desse outro. Com isso, substituem o "it" (que designa genericamente um animal qualquer)[1] pela singularidade do animal que possui um ponto de vista sobre o que vê, como atesta Rosa com seus bois literários.

---

[1] Clarice Lispector, em *Água viva*, fala do "it dos animais", tomando o "it" como "o mistério do impessoal", esse "neutro" que resiste à subjetivação através da linguagem. Nas palavras da autora, "it é elemento puro. É material do instante do tempo". (Cf. Lispector, *Água viva*, 1980, p. 30, 35 e 49.)

Mas o sujeito que emerge desse processo na escrita não deixa de ser híbrido, já que ele necessita do humano para se inscrever enquanto um "eu" no texto.

Dominique Lestel dividiu os animais providos de complexidade cognitiva, sensorial e emocional em sujeitos autônomos e heterônomos. Os primeiros seriam "sujeitos dotados de individualidade operacional e das autorrepresentações que resultam disso, a exemplo dos chimpanzés da Tanzânia e dos elefantes do Quênia",[2] ou seja, *pessoas* que sustentam sua autonomia subjetiva, enquanto os segundos seriam aqueles cuja subjetividade é moldada pelo contato prolongado com a espécie humana.

Nessa categoria de sujeitos heterônomos (heteronomia, compreendida como sujeição a uma lei exterior ou à vontade de outrem) estariam os animais domésticos, rurais, os que são forçados a uma convivência com tratadores e visitantes dos zoológicos, além dos que são amansados/adestrados em atividades "esportivas", como a falcoaria, ou manipulados continuamente em clínicas e laboratórios. Daí a constituição, segundo o etólogo/filósofo, de *subjetividades híbridas*. O que não os impede, entretanto, de desenvolver comportamentos de grande densidade e uma posição ativa dentro de comunidades e grupos interespecíficos.

Na literatura, a heteronomia se torna inevitável pelo entrelaçamento da subjetividade de quem escreve e a dos animais cuja vida é contada ou que são evocados poeticamente, fora da moldura antropocêntrica que incidiu na construção do conceito de sujeito no pensamento ocidental. Daí que, ao sondarmos as formas como os "eus" não humanos se inscrevem na literatura e as estratégias viáveis para que isso seja possível, podemos aprender muito a lidar com os animais que existem e participam conosco da experiência da vida.

---

2 Para Lestel, essa categoria de sujeito animal forte, autônomo, ainda não foi suficientemente investigada, embora já existam investigações avançadas, como as pesquisas de campo sobre chimpanzés realizadas pela primatologista britânica Jane Goodall. Poderíamos acrescentar aqui também o trabalho do etólogo estadunidense Carl Safina, estudioso de elefantes, orcas e golfinhos.

2. Um canil literário

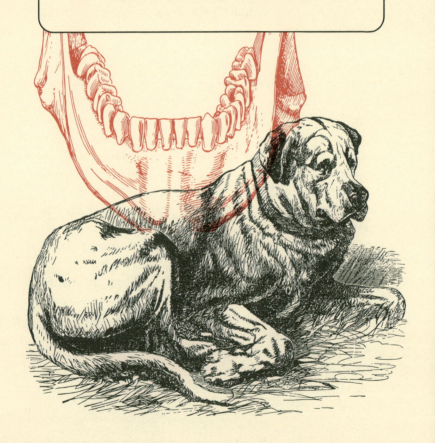

Onde nós não alcançávamos
dentro de nós
o cão ia.
Manuel António Pina

mas quando toco a ponta
do meu nariz no seu
e os nossos olhares se entrançam
não há ciência
talvez não haja nem mesmo história
o que vê a mulher
no cachorro e o que vê
na mulher o cachorro.
Adriana Lisboa

Interações/impregnações

Viver com o outro num mesmo lugar e ao mesmo tempo que o outro vive é um ato de compartilhamento que não se restringe necessariamente aos humanos, haja vista as muitas formas de interação entre a nossa espécie e as dos outros seres. Não à toa, Roland Barthes, ao tratar do *ato de conviver* numa de suas aulas ministradas no Collège de France e reunidas no livro *Como viver junto*, abordou algumas particularidades do convívio humano com animais, tomando como ponto de partida a figura de Robinson Crusoé após o naufrágio.

Isolado numa ilha desconhecida, Crusoé passa a experimentar uma solidão compartilhada com alguns viventes do lugar, entre eles um cabrito e um papagaio, com os quais inicia uma relação de poder e de afeto ao mesmo tempo. Poder, pelas práticas de domesticação/escravização desses outros; afeto, por transformá-los em companheiros e, por vezes, em cúmplices. De acordo com Barthes, no já mencionado livro, o náufrago cria o "afeto com poder" e usa "o poder para receber afeto", num processo "de impregnação, *imprinting*", que consiste em deixar no outro uma marca, uma impressão:

> O jovem animal selvagem, no decorrer de uma experiência única, se apega ao homem: relação de subordinação-dominação rapidamente fixada. Um filhote de lobo capturado ao nascer e criado pelo homem se comporta como um cão. (Barthes, 2003, p. 52)

Na condição de um anacoreta involuntário (o isolamento, no caso, não é uma escolha, mas uma contingência), Robinson não apenas ameniza sua solidão ao se aproximar dos animais, como também reafirma sua condição de homem ao exercer poder sobre eles. Assim, "revirados" e subtraídos de sua animalidade por meio dessa convivência forçada, os bichos sofrem um desvio de sua existência selvagem e são obrigados a assumir uma vida que não é propriamente a deles. Recebem no corpo e no comportamento as marcas dessa domesticação, enquanto Crusoé — imprimindo também a esse ato de dominação uma relação afetiva — empreende seu processo de hominização pautado no jogo poder/afeto.

Sob essa perspectiva, os cães podem ser considerados criaturas exemplares do que Barthes chama de *imprinting*, por oferecerem as conexões mais primárias com a nossa espécie, já que suas origens, como mostra Susan McHugh em seu livro *Dog* [Cão], "paradoxalmente coincidem com o fato de eles se tornarem parte da vida cotidiana dos humanos" (McHugh, 2004, p. 19). Em nota do próprio Barthes, em *Como viver junto*:

> Primeiro animal domesticado: o cão, vindo de dois troncos: o lobo da Europa e o lobo da Ásia. 10.000 anos (colheita e caça): lobos seguindo o homem em busca de restos de caça (*cf*. ratos nas grandes cidades). Os cães modificam a estratégia da caça. Favorecem o aparecimento da criação de animais. (Barthes, 2003, p. 53)

Se isso ocorre é porque as origens do *Canis familiaris* — nome científico do cão domesticado — remontam a milhares de anos, estando intrinsecamente associadas à interação dos canídeos com os humanos, que deles se valiam como auxiliares da caça e de guarda. Graças à grande capacidade canina de adaptação a novos ambientes e situações, eram levados nas migrações pelo mundo, espalhando-se por diversas culturas arcaicas. E é nesse sentido que os cães são impensáveis fora do contexto das culturas humanas, assim como estas também não se desvinculam da presença canina e foram afetadas por esse convívio, num processo de impregnação recíproca entre as duas espécies.

Cães e humanos são, portanto, antigos parceiros de vida, e dessa convivência milenar surgiu uma diversidade enorme de relações entre eles, que vão da exploração da força de trabalho canina e do assujeitamento desses animais, com fins cruéis e mercantilistas, a relações de companheirismo, trocas afetivas e solidárias. Nesse sentido, como pontuou Donna Haraway em seus instigantes estudos sobre essas interseções, os "cães dizem respeito à inescapável e contraditória história de relacionamentos — relacionamentos coconstrutivos em que nenhum dos parceiros preexiste à relação, e essa relação nunca está acabada".[1] Se eles estão aqui para *viver com*, cachorros e pessoas compõem um espaço compartilhado.

---

[1] Donna Haraway, *O manifesto das espécies companheiras*, 2021, p. 20.

Charles Darwin dedicou muitos de seus escritos à sondagem dos cães, revelando detalhes de seu comportamento e particularidades fisiológicas, sempre atento às relações entre caninos e humanos. Em especial nos já mencionados livros *The Descent of Man* e *A expressão das emoções no homem e nos animais*, o cientista mostrou como os cachorros entendem muitas palavras e sentenças, têm senso de humor, sentem ciúme, vergonha, raiva e perplexidade, sendo providos, assim, de uma vida mental e subjetiva complexa. Numa das passagens da obra de 1871, ele escreve:

> A maioria das emoções mais complexas é comum aos animais superiores e a nós mesmos. Todo mundo já viu como um cachorro sente ciúmes do afeto de seu dono. [...] Não pode haver dúvida, penso eu, de que um cachorro é capaz de sentir vergonha, diferentemente do medo, e algo muito parecido com a modéstia, ao implorar frequentemente por comida. Um cão grande despreza o rosnado de um cão pequeno, e isso pode ser chamado de magnanimidade. [...] Os cães mostram o que pode ser chamado de senso de humor, distinto da mera brincadeira. [...] (Darwin, 2004, p. 100)

Isso tem sido corroborado por muitos estudos etológicos sobre a espécie e as inúmeras raças e cruzamentos existentes, uma vez que essa multiplicidade não apenas dificulta qualquer classificação satisfatória, como implica comportamentos e hábitos também variados, de acordo com cada grupo ou com os indivíduos caninos que se furtam às categorizações reconhecidas, em termos de comportamento, características físicas, hábitos, faculdades cognitivas e emocionais. Cada um é um sujeito com afinidades em relação a seus pares e diferenças advindas de mestiçagens, processos de domesticação, condições de vida, funções e traços específicos de personalidade.

Cães e literatura

No âmbito da literatura ocidental, os vínculos entre humanidade e animalidade advindos do convívio dos homens com os caninos têm sido abordados de maneira plural por autores de distintas épocas e nacionalidades. São cães de diferentes origens, compleições, papéis e histórias de vida e morte.

Sabe-se que o registro canino mais antigo e canônico é o que se refere ao cão Argos, da *Odisseia* de Homero, o qual ganha nas páginas finais da epopeia uma grande importância, por figurar como o único vivente a identificar Odisseu quando este — disfarçado de mendigo — retorna a Ítaca após vinte anos de aventuras pelo mundo.

Numa comovente demonstração de lealdade, o velho cão não apenas reconhece e festeja a volta do amigo com um débil movimento da cauda, como morre em seguida sobre um monte de esterco, mostrando que havia sobrevivido por tanto tempo, e em condições precárias, só para rever Odisseu. E é nesse momento que o herói chora pela primeira e única vez na história.

Percebe-se que Argos, ao se valer de outras faculdades além do conhecimento racional, oferece ao antigo companheiro uma incontestável prova de amor, numa demonstração de fidelidade e resistência únicas, que levam Odisseu às lágrimas. Além disso, ele evidencia uma das faculdades mais conhecidas dos cães: a memória. Uma faculdade que Darwin reconheceu e exaltou em suas pesquisas científicas e, sobretudo, na própria experiência com os cachorros, como evidencia seu reencontro, cinco anos depois, com um cão feroz com quem convivera e o qual tinha aversão a estranhos em geral. Para testar a memória do cão, aproximou-se do estábulo onde ele vivia e o chamou como sempre fizera. Nas palavras do cientista, em *The Descent of Man*:

> Ele não demonstrou alegria, mas imediatamente me seguiu, caminhando e me obedecendo, exatamente como se eu

houvesse estado com ele há apenas meia hora. Uma série de antigas associações, dormentes durante cinco anos, haviam, assim, sido instantaneamente despertadas em sua mente. (Darwin, 2004, p. 95)

Tendo em vista essa capacidade canina de tocar o ponto mais recôndito da sensibilidade humana e demonstrar atitudes de solidariedade, cumplicidade e afeto, além de uma admirável memória, Marjorie Garber, no livro *Dog Love* [Amor canino], constata que os cães acabaram por se tornar o repositório por excelência das qualidades que faltam aos humanos ou neles se rarefazem, já que, segundo ela, "paradoxalmente, a quintessência do 'humano' é com frequência encontrada no cachorro" (Garber, 1994, p. 34). A isso a estudiosa ainda acrescenta o fato de que os cães podem trazer à tona o que de melhor existe em nós.

Todavia, como se sabe, não apenas de afetos e cumplicidade são construídos os laços entre homens e caninos na nossa sociedade, haja vista a hierarquia que marca as relações da espécie humana com as demais. Se o amor e o companheirismo são comumente ressaltados na nossa relação com os cães, não se pode ignorar a situação à margem que eles também têm ocupado na convivência com os homens no decorrer dos séculos. Subjugados, maltratados, rejeitados, descartados, muitas vezes representam a escória social e, nessa condição, chegam a servir de metáforas para os seres humanos que também vivem à margem da vida social e política. Para não mencionar a humanização excessiva dos cães domésticos no mundo contemporâneo, como "o lhasa apso deitado na cama do dono com perfume e lacinhos (e talvez comendo chocolate canino, usando sapatinhos para passear nas calçadas cheias de bactérias)".[2]

Dessa miríade de contradições que compõem as relações entre humanos e caninos, a literatura ocidental vem se nutrindo ao longo dos séculos, desde a Antiguidade clássica.

---

[2] Daniel Galera, "Lobos dóceis, deuses caprichosos". In: Jack London, *Caninos brancos*, 2014b, p. 8.

Ora como protagonistas de histórias de amor ou de aventuras, ora como seres submetidos a situações de grande adversidade, ora dotados de saberes surpreendentes sobre o mundo, os cães nunca deixaram de estar presentes em textos literários de várias procedências.

Por vezes, eles aparecem nos textos como heróis. Por vezes, como criaturas à margem da vida, como os cachorros abandonados do romance *Desonra*, do escritor sul-africano J. M. Coetzee, ou os vira-latas que atravessam obras de diversos autores e erram solitários pelas ruas das cidades imensas. Já Maria Gabriela Llansol, em *Amar um cão*, endereçou seus escritos a um cão singular, o ruivo Jade, depois que ele morreu, enquanto a também portuguesa Maria Velho da Costa narrou uma história insólita de uma menina desamparada e o seu pacto de vida e morte com um pitbull terrier no romance *Myra*. E como não mencionar a cadelinha russa Kachtanka, de Tchekhov, que vive uma experiência inesquecível depois de se perder de seus humanos? Ou a muito amada Karenin, de *A insustentável leveza do ser*, de Milan Kundera, que protagoniza um dos mais belos relatos da literatura contemporânea sobre a relação entre humanos e cães? Ou ainda a cachorra Baleia, do romance *Vidas secas*, de Graciliano Ramos, que, com sua inteligência, sensibilidade e solidariedade, exerce seu protagonismo dentro de uma família de retirantes nordestinos afligidos pela seca? Há também a forte e inquietante narrativa "O cachorro", de Coetzee, que integra o livro *Contos morais*, além dos vários cães que atravessam a obra de José Saramago.

Os primeiros romances representativos desse amplo cânone canino no século XX foram, sem dúvida, *O chamado selvagem* e *Caninos brancos* de Jack London. No primeiro, o autor apresenta a difícil jornada de um cão doméstico rumo à recuperação de sua própria natureza selvagem, enquanto no segundo, que mantém uma simetria inversa com o outro, ele figura o processo de transformação de um cachorro selvagem num animal doméstico. A eles se juntam *Flush: uma biografia*, de Virginia Woolf, que pode ser definido como uma biografia ficcional do cachorro da poeta britânica Elizabeth Barrett Browning, que viveu em plena era vitoriana, e, na passagem para o século XXI, *Timbuktu*, de Paul Auster, cujo protagonista é um vira-lata chamado Mr. Bones, que, após a morte de seu companheiro humano, Willy, se vê lançado à própria sorte numa cidade grande e hostil. Experiência de perda essa também presente num romance bem mais recente, *O amigo*, de Sigrid Nunez, em que um velho dogue alemão chamado Apolo passa a viver, após o suicídio de seu companheiro humano, com a melhor amiga dele, dividindo com ela a vivência do luto.

Acrescenta-se, ainda, a esse rol contemporâneo, os romances *King: A Street Story* [King: uma história da rua], de John Berger, *Cães heróis*, de Mario Bellatin, *O homem que amava cachorros*, de Leonardo Padura, *A hora entre o cão e o lobo*, de Eva Hornung, *Alguém para correr comigo*, de David Grossman, e *A cachorra*, de Pilar Quintana, entre outros.

Os cães dos poetas também são numerosos. Baudelaire, por exemplo, teve um particular apreço por vira-latas e escreveu poemas em verso e prosa sobre eles. Avesso aos "cães bonitinhos", acomodados em almofadas de seda, segundo ele, evoca os cachorros pobres e sem casa — verdadeiros "filósofos de quatro patas" — que encontram nos homens miseráveis das ruas suas melhores companhias. Num de seus poemas em prosa, "Os bons cães", escreve:

> Canto os cães calamitosos, sejam os que erram solitários nas ravinas sinuosas das imensas cidades, sejam aqueles que já disseram ao homem abandonado, com seus olhos espirituais: "Leve-me contigo, e de nossas duas misérias faremos, talvez, uma espécie de felicidade". (Baudelaire, 1980, p. 122-3)

Rainer Maria Rilke, Emily Dickinson, Robert Frost, Elizabeth Barrett Browning, Pablo Neruda, Herberto Helder, Adília Lopes, Manuel António Pina, Hilda Hilst, Glauco Mattoso e Nuno Ramos são alguns outros poetas que integram esse repertório poético, por terem levado para seus escritos lembranças, homenagens, registros e reflexões sobre cachorros de várias raças ou raça nenhuma. Se vários desses bichos são evocados como seres dotados de uma capacidade superlativa de amar e depositários de outras qualidades cada vez mais rarefeitas nos humanos, outros já são lembrados, de maneira compassiva e indignada, como vítimas do descaso, do abandono e da crueldade.

Os que habitam os escritos de Nuno Ramos, por exemplo, são sobretudo os cães atropelados, que restam como massa informe e fedida nas rodovias, ou muitas vezes como corpos feitos de pedra ou troncos de árvore, espalhados pelas extensões urbanas. Assemelham-se, ainda, aos juncos jogados na praia. Anônimos, sempre. E parecem recheados de cal, tal a sua rigidez, como escreve o poeta nestes versos: "Com a vida-vidro, a vida-bicho/ a vida-pedra, mas sem ar dentro".

Todas as figuras e referências caninas desses e outros livros compõem, assim, uma linhagem de "cães literários" difícil de ser delineada em detalhes, tendo em vista a pluralidade dessas figuras e das formas como são construídas. E sobre ela têm se debruçado estudiosos de diferentes partes do mundo interessados em explorar — por rotas transdisciplinares e à luz das teorias críticas contemporâneas — todo esse "canil" das letras, com ênfase nas relações entre humanos e caninos, fazendo emergir um novo ramo de investigação dentro dos Estudos Animais: a "cinoliteratura".

O francês Roger Grenier, no livro *Les Larmes d'Ulysse*, que no Brasil ganhou o título *Da dificuldade de ser cão*, buscou compor um inventário particular de diversos desses personagens caninos. Numa mistura de crônica, ensaio e relato, fez, com esse livro, uma homenagem não apenas ao seu finado cão Ulisses, como também a todos os cães reais e ficcionais que conheceu. Seu propósito foi sondar o que faz os cães se tornarem trágicas e sublimes criaturas na vida de filósofos, escritores, personagens, personalidades da vida pública e pessoas de seu universo particular. Com esse fim, abordou, em cada relato, uma experiência específica no campo das trocas afetivas entre os humanos e os caninos, sondando o poder de compreensão mútua de seres de espécies diferentes, em suas diversas nuances de complexidade. É uma obra leve, com uma forte carga afetiva, mas com reflexões bastante iluminadoras sobre nossos laços com esses outros.

Já num viés diferente, porém não menos singular, a estudiosa americana Marjorie Garber também percorre os caminhos da cinoliteratura, mas com maior abrangência cultural, filosófica e psicanalítica, o que faz do seu livro *Dog Love* um dos mais completos estudos sobre as relações entre humanos e caninos no mundo contemporâneo, com remissões a diferentes momentos da história do pensamento ocidental. É uma obra que se abre, ainda, a investigações de ordem cognitiva sobre as habilidades, faculdades e emoções dos animais não humanos, bem como às maneiras como os *dog writers* [autores que escrevem sobre cães] souberam explorar o que chama de "o proibido terreno da consciência canina, com o objetivo de descobrir não apenas como os cães pensam, mas também o que eles pensam *sobre* nós" (Garber, 1997, p. 30).

Entre outras coisas, ela observa que, enquanto muitos cães indesejados ainda vivem e morrem em obscuridade (maltratados, abandonados ou, como último recurso, "humanitariamente" submetidos à eutanásia), a vida dos cães nas biografias ficcionais ou nas "autobiografias caninas" ganha cada vez mais espaço em jornais, bibliotecas e listas de *best-sellers*, o que evidencia o lugar de destaque que as vidas caninas têm ocupado na cultura contemporânea.

No que tange à literatura brasileira, os personagens caninos são frequentes e, por vezes, ocupam espaços de relevo nas narrativas, embora nem sempre assumam o papel de protagonistas. Aparecem também, com abundância, em poemas de autores do passado e do presente, inserindo-se de maneira mais decisiva em obras de poetas contemporâneos.

Sem dúvida, os caninos mais canônicos das letras brasileiras são a cachorra Baleia, de *Vidas secas*, e Quincas Borba, de Machado de Assis, apresentado como um cão que se confunde com um personagem humano homônimo e assume com ele o protagonismo do romance cujo título é também o nome *Quincas Borba*.

Já a partir do século XX, os personagens caninos de maior relevo aparecem em alguns romances/novelas, como *Campo geral*, de Guimarães Rosa, *Uma vida em segredo*, de Autran Dourado, *Confissões de um vira-lata*, de Orígenes Lessa, e *Até o dia em que o cão morreu*, de Daniel Galera. Narrativas variadas de Clarice Lispector, a exemplo de "Quase de verdade", "Tentação" e "O crime do professor de matemática", entram nesse repertório, além de contos de João do Rio, Lygia Fagundes Telles, Rachel de Queiroz, Carlos Drummond de Andrade e Zélia Gattai, entre outros.[3]

Todos exploram diversas situações da convivência entre homens e cães, nas quais, muitas vezes, a compaixão humana em relação aos caninos se torna um processo de identificação ou de troca de papéis, o que ocorre, sobretudo, nas narrativas de Machado de Assis e Clarice Lispector, nas quais as noções de animalidade/humanidade se imbricam por vieses inquietantes e a própria noção de subjetividade se torna interespecífica. Algo que se dá a ver também, por rumos diferentes, na obra de Hilda Hilst.

---

[3] Dentre as antologias de contos caninos publicadas no Brasil, destacam-se: Rogério Ramos (org.), *Histórias brasileiras de cães*; Flávio Moreira Costa (org.), *Os melhores contos de cães & gatos*. No século XIX, alguns autores brasileiros também incluíram cães como personagens de contos, como Machado de Assis, Artur Azevedo e Raul Pompeia.

3. Vidas caninas em Machado e Clarice

Uivemos, disse o cão.
José Saramago

Nas margens do humano: o cão filósofo machadiano

> Mas a verdade é que este olho que se abre de quando em quando para fixar o espaço, tão expressivamente, parece traduzir alguma coisa, que brilha lá dentro, lá muito ao fundo de outra coisa que não sei como diga, para exprimir uma parte canina, que não é a cauda nem as orelhas. Pobre língua humana! (Assis, 1985, p. 662)[1]

As palavras acima, extraídas do romance *Quincas Borba*, de 1891, referem-se ao cão que, na narrativa de Machado de Assis, tem o mesmo nome do personagem humano Quincas Borba — um filósofo dotado de uma esquisitice genial — e com ele se mistura ao longo do livro. Nessa passagem, o canino, já tendo perdido o amigo, está sob os cuidados de Rubião — herdeiro único da fortuna do falecido amigo — e encontra-se mergulhado em pensamentos, deitado num canto da casa. Mas seu estado interno apresenta-se como um desafio para o próprio narrador, incapaz de traduzir para a língua humana o que se passa dentro do animal.

---

[1] Essa e outras citações do livro *Quincas Borba* presentes neste capítulo são de Machado de Assis, *Obra completa*, v. 1.

Esse "abismo de incompreensão" que separa o humano do canino reafirma-se logo depois, quando o cão adormece, sonha e acorda já esquecido de seus males, embora com uma certa melancolia que o próprio narrador não sabe muito bem como definir. Afinal, o que pode a razão humana diante de uma racionalidade outra, que não se circunscreve aos domínios da lógica legitimada pelos homens? Como decifrar as ideias de um cachorro com os parcos recursos do pensamento humano?

Trata-se de uma cena em que é constatada a insuficiência da língua verbal para decifrar ou traduzir a alteridade radical de um ser de outra espécie, o que vem atestar um dos propósitos machadianos nesse livro: ironizar a pretensa soberania humana em relação aos animais não humanos, aqui representados pelos cães.

O próprio Humanitismo, sistema filosófico criado pelo personagem Quincas Borba para "arruinar todos os demais sistemas", reforça tal propósito. Já presente em *Memórias póstumas de Brás Cubas,* de 1881, como uma paródia do humanismo logocêntrico do Ocidente, reaparece em *Quincas Borba* intrinsecamente atrelado à figura do cachorro, numa inegável remissão à filosofia cínica.

Vale lembrar que o Cinismo, desde suas origens na Grécia por volta de IV a.C., tem um estreito vínculo com a figura do cão, uma vez que a palavra cínico deriva do termo *kinos* (cão em grego) e condiz com o modelo de vida adotado por Diógenes de Sínope, o filósofo "vira-lata", que tomou a vida canina como modelo para a própria existência. Viver como um cão, fora dos limites impostos pelas convenções sociais, foi sua opção e sua maldição (perante os olhos da racionalidade humana), o que o tornou o principal expoente de tal corrente filosófica. Tanto que, após sua morte, foi construída a estátua de um cão em sua homenagem.

Acrescente-se a isso o fato de que o movimento cínico, criado por Antístenes, não foi apenas intelectual, mas comportamental. Como explica Hélio Soares do Amaral em *Os cães filósofos: história da filosofia de resistência*, "o movimento dos Cães-Filósofos passou pela história como sendo o filosofar na prática — o *bios kunikós* — o que se evidenciava na escolha de vestimentas despojadas, alimentação estrita e moradia alternativa" (Amaral, 2006, p. 43). A opção pela vida indigente estava vinculada também à vida em trânsito, feita de perambulações e noites passadas ao relento. Eles almejavam, segundo Amaral, a autossuficiência para se libertarem do escravizante sistema de desejos. Daí que Diógenes, o principal discípulo de Antístenes, que levou o cinismo a um ponto de maior radicalidade, tenha considerado a natureza como a única potência capaz de ultrapassar a esfera humana, pautando a própria vida numa atitude anticultural baseada na pobreza e na vida nômade, em afinidade com os cães de rua que perambulam sem rumo certo à cata de comida. Sabe-se, ainda, que ele justificava o epíteto de cão, dizendo: "Faço festas aos que me dão alguma coisa, lato contra os que não me dão nada e mordo os perversos".[2]

Logo no início do romance de Machado de Assis, a caracterização de Quincas Borba, o homem, como um "náufrago da existência", já sugere nítidas confluências entre ele e a figura atópica/atípica de Diógenes:

> Este Quincas Borba, se acaso me fizeste o favor de ler as *Memórias póstumas de Brás Cubas*, é aquele mesmo náufrago da existência, que ali aparece, mendigo, herdeiro inopinado, e inventor de uma filosofia. (Assis, 1985, p. 648)

O fato de o personagem ter atribuído o próprio nome ao cão só reforça essas confluências, visto que o nome não apenas indica uma identificação do homem com o animal, como também provoca uma deliberada confusão entre os dois. Ademais, o Quincas Borba canino — apresentado pelo narrador como "um bonito cão, meio tamanho, pelo cor de

---
2   Giovanni Reali e Antiseri Dario, *História da filosofia*, v. 1, 1990, p. 231-3.

chumbo, malhado de preto" (Assis, 1985, p. 645) — ocupa um lugar de destaque na vida do Quincas Borba humano, o que embaralha mais ainda as identidades de um e de outro. Cito o narrador:

> Quincas Borba levava-o para toda parte, dormiam no mesmo quarto. De manhã, era o cão que acordava o senhor, trepando ao leito, onde trocavam as primeiras saudações. Uma das extravagâncias do dono foi dar-lhe o seu próprio nome; mas, explicava-o por dois motivos, um doutrinário, outro particular. (Assis, 1985, p. 648)

Se, em Diógenes, as noções de humanidade, animalidade e loucura se misturaram de maneira indiscernível, o mesmo se pode dizer com relação a Quincas Borba, tão filósofo quanto louco, que se mistura à figura de seu cão. Num século em que o racionalismo cientificista se impunha como a principal das diretrizes do pensamento do tempo, legitimando um conceito de humano e de humanismo a partir de uma instrumentalização da animalidade, Machado de Assis mina as demarcações entre razão e loucura, homem e animal, numa evidente crítica ao humanismo cientificista e às dicotomias do pensamento antropocêntrico.

Interessante como o entrelaçamento entre homem e cão, no romance, permanece mesmo após a morte do filósofo. Rubião, que herda daquele a fortuna sob a condição de cuidar do cachorro, chega a ficar confuso (e assustado) com a possibilidade de o espírito do amigo ter se alojado no corpo do canino. Tal inquietação se manifesta em alguns momentos da narrativa, como este:

> Olhou para o cão, enquanto esperava que lhe abrissem a porta. O cão olhava para ele, de tal jeito que parecia estar ali dentro o próprio e defunto Quincas Borba; era o mesmo olhar meditativo do filósofo, quando examinava negócios humanos... Novo arrepio; mas o medo, que era grande, não era tão grande que

> lhe atasse as mãos. Rubião estendeu-as sobre a cabeça do animal, coçando-lhe as orelhas e a nuca. (Assis, 1985, p. 681)

O temor de que o espírito do homem Quincas Borba estivesse frequentando o corpo do cão Quincas Borba não deixa de levar os leitores — conduzidos pelo tom irônico do narrador — a uma desconfiança quanto à própria sanidade de Rubião, o que acaba por se confirmar. É como se o personagem, em processo progressivo de enlouquecimento, tivesse herdado do amigo, além do cachorro e do dinheiro, o seu "grãozinho de sandice".

Assim, loucura e animalidade potencializam os laços entre os três — Rubião e os dois Quincas Borba —, mesmo que um deles se manifeste em estado de ausência, ou seja, faz-se presença em ausência através do cão. O "viver junto" é levado às últimas consequências, culminando numa quase indiscernibilidade entre os personagens. Mesmo porque o cão, no romance, ocupa um lugar de sujeito que pensa, sente, interpreta, não necessariamente por estar impregnado dos chamados "próprios do humano", mas por ter, como os humanos, faculdades cognitivas, emocionais e sensoriais às vezes até mais potentes que as dos homens. E talvez seja por isso que Rubião fique confuso diante de tais faculdades caninas, atribuindo-as ao fantasma do finado amigo.

Interessante observar que o olhar do cachorro exerce um papel medular nesse processo de confusão. Na maioria das cenas em que Rubião pressente a presença do espírito do filósofo no cão, é o olhar deste que provoca tal pressentimento. Emerge, nessas cenas, a intrigante dúvida advinda da ignorância humana diante do que se passa no interior de um bicho: *O que esse cão sabe sobre mim?*

Isso não deixa de remeter mais uma vez à passagem de *O animal que logo sou (A seguir)*, em que Derrida aborda o ponto de vista de seu gato no momento em que se surpreende observado por ele no banho e indaga, em estado de desconforto perante esse olhar: "Quem é este que eu sou?".

Do que advém a constatação: "O animal nos olha, e estamos nus diante dele. E pensar começa talvez aí" (Derrida, 2002, p. 18).

Em *Quincas Borba*, o desassossego que o olhar do cachorro causa em Rubião não deixa de ser da mesma ordem que a dessa cena, por advir do não saber do homem sobre o que o animal sabe. Graças aos engenhosos artifícios machadianos, Rubião, ao associar o cão ao filósofo, acaba por trazer à tona, involuntariamente, a imagem do cão-filósofo, própria do Cinismo. Todavia, isso se dá de maneira invertida, pois, enquanto os filósofos cínicos adotavam o modo de ser do cão para justificarem os princípios filosóficos que sustentavam, aqui o cão é que assume, aos olhos de Rubião, o papel de filósofo. Como se vê nesta passagem:

> [...] mas então os olhos do cão, meio fechados de gosto, tinham um ar dos olhos do filósofo, na cama, contando-lhe coisas de que ele entendia pouco ou nada. [...] Rubião fechava os seus. (Assis, 1985, p. 681)

E ainda nesta, quando o personagem, depois de receber a visita do Major Siqueira e este lhe oferecer o conselho para se casar, ouve uma voz que lhe diz "por que não?":

> Rubião, apavorado, olhou em volta de si; viu apenas o cachorro, parado, olhando para ele. Era tão absurdo crer que a pergunta viria do próprio Quincas Borba, — ou antes do outro Quincas Borba, cujo espírito estivesse no corpo deste, que o nosso amigo sorriu com desdém. (Assis, 1985, p. 711)

Trata-se, porém, de um olhar provido de uma singularidade inapreensível pelo personagem, que o leva a interpretá-la como sendo a manifestação do filósofo morto e a projetar seus próprios desejos e apreensões no olhar de que é alvo. Algo que se afina com a seguinte afirmativa de Marjorie Garber: "O fascínio humano pelo conhecimento que não se revela tem levado com frequência à representação do cão como filósofo" (Garber, 1997, p. 114).

Como observou a pesquisadora Victoria Saramago no artigo "Cão que ladra não fala: os animais nos romances machadianos", essa hipótese de Rubião de que a alma do falecido Quincas Borba estaria no corpo do cachorro persiste ao longo do livro e, "tornando-se cada vez mais clara aos olhos de Rubião, o leva a considerar o cão uma consciência à parte" (Saramago, 2008, p. 85). Mas essa crença na ideia de transmigração da alma não é, pelo que se explicita na narrativa, a do filósofo, visto que ele já tinha deixado isso claro nesta frase inacabada:

> Se eu morrer antes, como presumo, sobreviverei no nome do meu bom cachorro. [...] Viverei perpetuamente no meu grande livro. Os que, porém, não souberem ler, chamarão Quincas Borba ao cachorro, e... (Assis, 1985, p. 645)

Como escreve Victoria Saramago, "o elo entre a alma do homem e o corpo do animal seria o nome em comum", o que, na leitura equivocada de Rubião, foi ignorado, uma vez que ele "acredita de fato ter ouvido as palavras do cão — ou do filósofo dentro dele" (Saramago, 2008, p. 85). É exatamente isso que possibilita, na habilidosa construção machadiana, o jogo das subjetividades humana e não humana.

Ainda no que tange ao olhar de Quincas Borba (o cão), vale acrescentar que ele também se cruza com o da personagem D. Fernanda quase no final do romance. No entanto, o que se estabelece é uma relação de cumplicidade entre os dois, e não de desconfiança de um em relação ao outro, visto que "ele ficou a olhar para ela, e ela para ele, tão fixos e tão profundos, que pareciam penetrar no íntimo um do outro" (Assis, 1985, p. 801).

Assim, ao conferir a um cachorro o estatuto de protagonista, ainda que mesclado ao ex-dono de mesmo nome, Machado de Assis não apenas rompe com a secular hierarquia das espécies e a dicotomia homem/animal, como também reconfigura o papel do animal na moderna literatura brasileira. Já não se trata de dar aos cães e outros animais o estatuto de meros coadjuvantes ou de símbolos de algo que os ultrapassa, mas de reconhecer neles as suas potencialidades enquanto viventes. Nesse sentido, até mesmo o antropomorfismo que perpassa a narrativa apresenta-se intrincado (e matizado), uma vez que a animalidade do cão também se incute nos personagens humanos, evidenciando um processo de *imprinting*, de impregnação recíproca entre os seres postos em relação.

"A cachorrice e a humanidade cálida"

No que tange a Clarice Lispector, é sabido que alguns cães atravessam, por diferentes vieses, a sua obra. Contos como "Tentação" e "O crime do professor de matemática" são alguns que se atêm à presença ou à ausência canina. No primeiro, que é sobre uma menina ruiva que se identifica com um cão bassê também ruivo, num encontro fortuito com ele na rua, o tema do olhar como via de reconhecimento de uma afinidade recíproca entre seres de diferentes espécies se inscreve pelo foco da afetividade. No segundo, um homem, para compensar o abandono, por motivos de mudança com a família, de um cão com quem convivia, enterra e desenterra um cachorro morto encontrado em seu caminho tempos depois, numa oblíqua remissão a um episódio ocorrido na própria vida da escritora quando ela, ao se mudar da Itália para o Brasil, teve de deixar o cão Dilermando com uma amiga.[3]

Mas o cachorro que de fato atravessa com intensidade a obra de Lispector é Ulisses, que existiu e acompanhou a autora por muito tempo. Não à toa, na estátua da escritora que está na praia do Leme, no Rio Janeiro, Ulisses também aparece, sentado aos pés da amiga, com os olhos cúmplices voltados para ela.

---

[3] Cf. Clarice Lispector, *A mulher que matou os peixes*, 1974, p. 22-3.

Terceiro e último cão que frequentou a vida da escritora, seu nome poderia, a princípio, remeter ao personagem homônimo (na versão latina) de Homero — e, por extensão reversa, ao cão Argos, da *Odisseia*. Todavia, de acordo com fontes biográficas de Lispector, o nome foi uma homenagem ao psicoterapeuta Ulysses Girsoler, que a atendera na Suíça em meados dos anos 1940.

Em *Um sopro de vida* — livro de memórias concluído em 1977, às vésperas de sua morte, e publicado por Olga Borelli em 1978 —, a escritora conta que ele era um cão mestiço que, entre outras peculiaridades, fumava cigarros, tomava uísque e Coca-Cola, além de ser, segundo a própria escritora, "um pouco neurótico". Sabe-se ainda que ela o deixava fazer o que bem entendesse no apartamento que dividiu com ele nos anos 1970, no Rio de Janeiro, respeitando a índole rebelde do cão e suas maneiras malcriadas. Ele teria também recebido da escritora outros nomes que não Ulisses, como "Vicissitude", "Pitulcha" e "Pornósio".

Num dos fragmentos de *Um sopro de vida*, assim Lispector se refere ao companheiro canino:

> Meu cão me revigora toda. Sem falar que dorme às vezes aos meus pés enchendo o quarto da cálida vida úmida. O meu cão me ensina a viver. Ele só fica "sendo". "Ser" é a sua atividade. E ser é minha mais profunda intimidade. Quando ele adormece no meu colo eu o velo e à sua bem ritmada respiração. E — ele imóvel ao meu colo — formamos um só todo orgânico, viva estátua muda. É quando sou lua e sou os ventos da noite. Às vezes, de tanta vida mútua, nós nos incomodamos. Meu cachorro é tão cachorro como um homem é tão homem. Amo a cachorrice e a humanidade cálida dos dois.
> (Lispector, 1999, p. 43)

Sobre esse cão, ela escreveu o livro infantil *Quase de verdade*, de 1978, além de tê-lo mencionado com recorrência em escritos pessoais, dada a importância do cachorro em sua vida.

Em *Quase de verdade*, ele aparece como personagem-narrador, embora Clarice não lhe dê diretamente a fala humana, como é comum nas histórias infantis em que bichos são narradores ou personagens. Como o cachorro informa no início da narrativa, ele "late" a história em primeira pessoa, e ela "traduz" os latidos em palavras. Ou seja, a escritora cria um artifício para tornar possível a "fala" canina, sem se render inteiramente aos recursos do antropomorfismo, ainda que uma boa dose de humanização seja inevitável nesse caso. Afinal, trata-se de um cachorro em intrínseca proximidade com sua amiga humana e, por conseguinte, atravessado pelos influxos dessa convivência, além do que a linguagem soberana continua sendo a verbal. Por haver a mediação de Clarice no processo de transposição dos "latidos" para outro registro, a linguagem canina acaba por não se sustentar fora das circunscrições humanas.

Percebe-se que, aí, dois modos de subjetividade se interpõem: o do bicho (que conta a história segundo sua própria lógica) e o da mulher, que reproduz verbalmente o que o primeiro relata. Com esse recurso de sobreposição, Clarice retira, como já foi dito, o animal dos limites exclusivamente antropomórficos, sem tentar omitir o fato de a narrativa ser uma construção humana. O que o cão expressa como narrador-personagem passa, portanto, como uma tradução do que, supostamente, Ulisses teria para contar. Desse modo, os leitores ficam sabendo de suas aventuras.

Sobre essa questão da linguagem, *Um sopro de vida* oferece mais subsídios para que sejam discutidas as divisas entre humanos e não humanos. Antes, porém, cabem algumas considerações sobre o jogo de identidades que atravessa esse livro póstumo, pois nele o cão Ulisses transita entre a ficção e a realidade, aparecendo como o cachorro da personagem Ângela Pralini, que, por sua vez, pode ser considerada uma espécie de alter ego da autora. Ao longo das páginas, encontram-se diálogos entre Ângela e alguém nomeado apenas de "Autor", que assume o papel de narrador (e personagem), deflagrando um instigante jogo de eus, já que Clarice se mistura com ambos, inserindo elementos da própria vida no espaço ficcional. Ângela seria, por conseguinte, o reflexo invertido do narrador/autor, que, ao mesmo tempo, seria o reflexo invertido de Clarice.

Pode-se dizer que o cachorro Ulisses entra, assim, como o ponto de realidade que aproxima personagem, narrador e escritora, por ter o mesmo nome e as mesmas características do cão de verdade, embora convertido numa figura de ficção. Ou seja, o cão possibilita um desdobramento do jogo de identidades instaurado e, paradoxalmente, desvela esse mesmo jogo, tornando inequívoco o liame entre os três sujeitos ficcionais do livro. Além disso, ele entra na esfera íntima da personagem, misturando-se com ela, a ponto de o narrador dizer, sob a *persona* de Autor:

> Ângela é um cachorro vadio atravessando o deserto das ruas. Ângela, nobre cão vira-lata, segue a trilha do seu dono, que sou eu. Mas muitas vezes descarrilha e se dirige em vagabundagem livre para nenhum lugar. Nesse nenhum lugar eu a deixo, já que ela tanto quer. (Lispector, 1999, p. 56)

Isso se repete na voz da personagem, quando ela admite: "Eu e o meu cachorro Ulisses somos vira-latas". Uma afirmação que surge depois de ela já ter dito, algumas páginas antes, que em sua vida "tem um cachorro dentro latindo".

Vê-se um contágio recíproco das espécies humana e canina, como acontece em vários outros escritos claricianos sobre animais. Feitos de porosidade, os dois mundos — humano e não humano — se intersecionam, tornando difícil precisar o ponto de confluência entre animalidade e humanidade nos personagens postos em relação.

O desafio de descrever, com palavras humanas, o que se passa no interior do animal que está, ao mesmo tempo, dentro e fora de quem narra é explícito. Tanto que a voz que narra diz: "Se eu pudesse descrever a vida interior de um cachorro eu teria atingido um cume. Ângela também quer entrar no ser-vivo de seu Ulisses".

Numa das passagens do mesmo livro, lê-se este dizer de Ângela, depois de ela afirmar que procura entender seu cão:

> Eu sei falar uma língua que só o meu cachorro, o prezado Ulisses, meu caro senhor, entende. É assim: dacoleba, tutiban, ziticoba, letuban. Joju leba, leba jan? Tutiban leba, lebajan. Atotoquina, zefiram. Jetobabe? Jetoban. Isso quer dizer uma coisa que nem o imperador da China entenderia. (Lispector, 1999, p. 60)

Trata-se de uma língua secreta, inventada como via de acesso ao ser canino de Ulisses, a qual atesta não apenas a cumplicidade entre os dois, como também o empenho da mulher em levar a cabo tal desafio de traspassar as fronteiras. Ainda assim, permanece o desejo do impossível: "Um dia desses vai acontecer: meu cachorro vai abrir a boca e falar".

Aliás, a afirmativa de que ao cachorro "só falta falar", tão recorrente no cotidiano de quem convive com cães, advém, obviamente, não apenas do reconhecimento das acentuadas inteligência e sensibilidade dos cães, mas também do desejo de que eles possam compartilhar conosco um mesmo registro linguístico, a exemplo da frase de Ângela.

Se eles são incapazes de fazer uso da linguagem verbal, isso não significa, como mostram inúmeros estudos etológicos contemporâneos, a inexistência de possíveis outras formas de linguagem, por meio das quais os bichos se comunicariam com seus pares e com viventes de outras espécies, incluindo a humana. Isso, aliás, já havia sido postulado por Charles Darwin em *The Descent of Man*, quando, ao admitir que essa faculdade sempre foi considerada a suprema distinção entre o homem e outros animais, descreve as modulações emocionais de expressão sonora dos cães e dos pássaros, além da capacidade de certas espécies, como a canina, de entenderem palavras e frases humanas.[4]

Sabe-se, contudo, que, para as teorias amparadas na pretensa superioridade da nossa espécie sobre as demais, a linguagem humana é a única a merecer o nome de linguagem. A isso Jacques Derrida, em *O animal que logo sou (A seguir)*, se deteve criticamente, ao discutir o contraponto que os discursos predominantes sobre a noção de sujeito estabeleceram entre "o reagir dos animais" e "o responder dos humanos". Para isso, evoca Michel de Montaigne, que, em pleno século XVI, já reconhecia no animal "mais que um direito à comunicação, ao signo, à linguagem como signo: *um poder de responder*" (Derrida, 2002, p. 19-20), citando uma passagem do ensaio "Apologia de Raymond Sebond", de Montaigne:

> Como eles não falariam entre eles? Eles falam a nós e nós a eles. De quantas maneiras nós falamos a nossos cachorros? *E eles nos respondem.* Outra linguagem, outros chamamentos partilhamos com eles e com os pássaros, com os porcos, os bois, os cavalos, e *mudamos de idioma* de acordo com a espécie. (Montaigne *apud* Derrida, 2002, p. 20)

Sem dúvida, Clarice Lispector buscou partilhar com seu cão Ulisses e os vários animais que povoaram sua vida e seus escritos esses "outros chamamentos" a que se refere Montaigne. À feição, mas numa rota bem diferente, do que acontece também no romance *Quincas Borba*, de Machado de Assis.

Assim, como *dog writers*, ambos os escritores não se furtam a sondar o que Garber chamou de "o outrora proibido terreno da consciência canina, com o objetivo de descobrir não apenas se os cães pensam, mas o que eles pensam sobre nós". Desse modo, eles ensinam aos seus leitores muito mais do que sabem, na condição de humanos, sobre as peculiaridades de algumas de nossas relações com outras espécies animais.

---
[4] Cf. Charles Darwin, *The Descent of Man*, 2004, p. 106-13.

4. Quando morre um cão

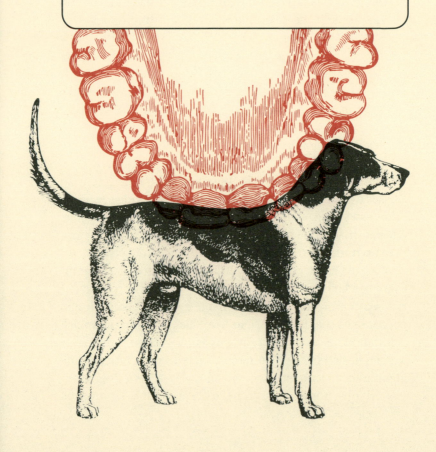

Para Lalinha

O cachorro se foi. Temos saudades dele. Quando toca a campainha, ninguém late. Quando chegamos tarde em casa, não tem ninguém nos esperando. Ainda encontramos seus pelos brancos pela casa e nas nossas roupas. Catamos todos os pelos que encontramos. Deveríamos jogar tudo fora. Mas é só o que nos resta dele. Não jogamos os pelos fora. Temos uma esperança irracional — a de que se conseguirmos juntar bastante pelo, conseguiremos remontar o cachorro pelo a pelo.
Lydia Davis, Nem vem

O exercício dos afetos

Nos fundos do Jardim Zoológico de Lisboa, há um cemitério de animais de estimação, com a predominância de cães. Trata-se de uma área verde, repleta de lápides, algumas revestidas de azulejos decorados. Sobre os túmulos, encontram-se fotos e esculturas de caninos de diversas raças ou de raça nenhuma, acompanhadas de inscrições amorosas, em prosa e verso. Em quase todos, veem-se vasos de flores e velas gastas. Aqui e ali, veem-se vasos de plantas secas, flores de pano ou plástico e tocos de velas. Fotos e esculturas de mármore também.

Alguns nomes dos cachorros enterrados saltam aos olhos dos visitantes: Pantufa, Mafaldinha, King-Tico, Lara,

Dog, Tansinha e Chorona. No túmulo de um cão chamado Jack, leem-se os versos: "Jack, amigo fiel/ a casa ficou vazia,/ de ti hoje só existe/ a saudade noite e dia". Ou esta, sobre a lápide de Pantufa: "Partiste, mas estarás para sempre presente nos corações de teus doninhos".

Como esses, vários outros epitáfios comovidos, comoventes, singelos e de sentida sinceridade se espalham pelas lápides, com demonstrações efusivas de gratidão aos bichos que já se foram.

Outros cemitérios do gênero já existem em diversas cidades do mundo, assim como crematórios especialmente dedicados aos caninos e outros animais de companhia. Consta que o mais antigo desses espaços é o Cimetière des Chiens [Cemitério de Cães], em Asnières — que fica a noroeste de Paris, na margem esquerda do rio Sena, e existe desde 1899. Entre os milhares de cães lá enterrados, estão cachorros ilustres, como o astro de cinema Rin-Tin-Tin e um cão herói do exército de Napoleão de nome Moustache. Há também uma profusão de sepulturas de cachorros comuns, como as de Kiki, Rita, Milou, Nini e Sophie. Alguns, com nomes célebres: Sócrates, Platão, Ulisses, Rimbaud, Sherazade. Um dos túmulos que mais impressionam é o de um cachorro chamado Hector (1992-2005), que, além de ter merecido um amoroso epitáfio ("Você foi o que de mais belo aconteceu na minha vida"), recebe visitas frequentes até hoje, como atestam as velas sempre acesas e os doze vasos de flores viçosas sobre o túmulo. Está lá também a de um cão de rua, sem nome, que veio a morrer na entrada do cemitério.

Todas essas demonstrações de afeto só vêm confirmar o que Marjorie Garber, num dos capítulos de *Dog Love*, assegurou: "*Dog love and dog loss are part of the same story*" (Garber, 1997, p. 247).[1] Isso porque amor e perda nunca deixaram de se entrelaçar ao longo da nossa antiga história de

---

1 Mantive a citação em inglês devido ao jogo sonoro entre as palavras *love* [amor] e *loss* [perda]. Em português, seria: "O amor canino e a perda canina fazem parte da mesma história".

interação e cumplicidade com a espécie canina, uma vez que as origens do cão coincidem com o fato de eles terem se tornado parte da vida cotidiana dos humanos.

Vale reiterar que o caráter contraditório dessas relações se inscreve na maneira como se desdobraram ao longo dos séculos, já que não apenas de afetos elas foram construídas. A crueldade também se faz presente com contundência nessas relações, além do que não se pode ignorar a marginalidade vivida por muitos cães em sua convivência com os homens. Eles são, inclusive, considerados indignos de viver.

Por serem indesejados, morrem em obscuridade ou, como último recurso, são "humanitariamente" submetidos ao sacrifício, como mostra J. M. Coetzee ao trazer à tona, nas páginas de *Desonra*, a situação calamitosa dos cães abandonados, doentes, carentes e condenados ao extermínio simplesmente "porque são demasiados". Algo também apresentado no filme *Umberto D.* (1952), de Vittorio de Sica, nas cenas em que o protagonista humano, ao procurar por seu cachorro perdido, vai até uma espécie de depósito de cães recolhidos nas ruas onde, se eles não reivindicados pelos donos em tempo hábil, são sacrificados num grande forno.

Esses atos de crueldade advêm do fato de que existem, na hierarquia dos viventes, os seres considerados matáveis. E isso, como se sabe, se ampara em cláusulas antigas, que remontam ao Antigo Testamento, mais especificamente aos Dez Mandamentos, entre os quais está "Não matarás". Como observou Derrida, esse "não matarás" nunca foi tomado dentro da tradição judaico-cristã como "Não matarás os viventes em geral". Nas palavras dele, "o outro é sempre um outro homem: o homem como outro, o outro como homem".[2]

Mas é nos afetos e nas experiências de luto que pretendo me deter aqui, com ênfase em algumas narrativas literárias e fílmicas nas quais os cães assumem papéis relevantes como personagens. Afinal esse amálgama amor/perda, inerente ao

---

[2] Jacques Derrida, "Eating Well, or the Calculation of the Subject" [É preciso comer bem, ou o cálculo do sujeito], 1995, p. 279.

processo das interações entre as espécies, nunca deixou de atravessar também, com matizes e intensidades diversas, as manifestações culturais de diferentes épocas e lugares.

Mortes caninas

Homero, na *Odisseia*, assim descreve o encontro de Odisseu (ou Ulisses) com seu velho cão Argos — a única criatura a reconhecer o herói quando este, sob o disfarce de mendigo, retorna a Ítaca depois de vinte anos de ausência:

> Argos, o cão, jazia em cima [do estrume], carrapatos
> laceram sua pele. Quando vê o herói,
> agita a cauda, dobra as duas orelhas, não
> consegue avizinhar-se do senhor, que fixa
> a vista longe a fim de que o porqueiro não
> notasse a lágrima caída. (Homero, 2014, p. 521)

O cão, que o havia esperado por todo esse tempo, morre logo depois, sucumbindo "à moira negra morticida". Trata-se de uma cena que passou a ecoar, sob diferentes modulações, em diversas obras literárias ao longo dos séculos, sem deixar de provocar também reflexões sobre as maneiras como as interações afetivas entre humanos e cães são potencializadas pelas experiências de perda e luto advindas da assimetria entre os tempos de vida das duas espécies. E não apenas na literatura, mas também em outros campos artísticos, como o cinema, onde as conexões entre humanos e caninos, atravessadas pelo luto, se fazem presentes de maneira abundante.

Vale retomar o livro *Da dificuldade de ser cão*, em que Roger Grenier homenageia seu falecido cachorro Ulisses, além de discorrer sobre cães de diversas figuras públicas e os que aparecem em obras de escritores como Kafka, Rilke, Baudelaire, Virginia Woolf, Tchekhov e Flaubert, entre outros. Sublinhando certas peculiaridades da espécie canídea, ele não deixa também de relatar detalhes da própria convivência com Ulisses, chegando mesmo a mencionar, no final do livro, os sonhos recentes que teve com ele, assegurando que sempre podemos reencontrar nossos cães à noite, durante anos, mesmo que reinventados ou distorcidos pelas "cruéis fantasias da imaginação". Numa das passagens, ele diz:

> Encontro Ulisses no meio de outras pessoas. Faço-lhe sinal. Ele para por um momento. Lembro-lhe que é comigo que ele vive, que nós nos amamos. Ele consente em dar-me uma lambida. E em seguida parte com essas pessoas. Acordo chorando. (Grenier, 2002, p. 108)

Esse esforço de ultrapassar, pela criação, a dor do luto provocada pela morte de um cão querido também se dá a ver explicitamente no filme *Coração de cachorro*, de 2016, da artista estadunidense Laurie Anderson, no qual ela presta um tributo à sua cadela Lolabelle, que morreu doente e idosa após ter ficado cega e ter sido ensinada a tocar piano para enfrentar as limitações impostas pela idade. Com ela, a própria artista disse ter aprendido também a lidar com velhice.

Ao reconstituir cenas da vida de Lolabelle, graças aos registros audiovisuais de que dispunha e das lembranças que ficaram, Anderson não deixou também de evocar outras perdas próximas: a da mãe que não amava, mas que restou como uma dor, e a do marido, Lou Reed, também músico e artista conhecido. O que só reitera a assertiva de Marjorie Garber de que a morte de um cão amado tende a trazer à tona outras mortes, sem deixar de ser, ela mesma, uma dolorosa e profunda experiência.

Num tom elegíaco, mas sem lamento, a voz em *off* da própria Anderson atravessa todo o filme, potencializando a carga lírica das cenas, nas quais incidem, ainda, algumas reflexões de ordem mística e filosófica sobre os afetos, a morte e o que resta, como fantasma, de toda uma vida. Não à toa, uma frase de David Foster Wallace é reiterada ao longo do filme: *"Every love story is a ghost story"* [Toda história de amor é uma história de fantasmas].

É ao reconhecer a perda como perda, e sua inevitabilidade nas relações de afeto, que a artista se arrisca a falar dela, evocando, para isso, a memória. Daí a narrativa fílmica se iniciar com *"Once upon a time"* [Era uma vez], num movimento de reconstituir algo que só pode permanecer na lembrança como fragmentos de imagens, palavras, pensamentos, excertos musicais, já que todo o resto é esquecimento. Paradoxalmente, o que fica do outro que se foi em quem vive essa perda é precisamente o que desse outro se esquece. Ao trazer essa lição para dentro de seu filme, a artista não deixa de reconhecer que o perdido agora faz parte de si.

Matar por compaixão

Se Anderson, com a cumplicidade do marido (que morreria logo depois), recusou-se a sacrificar sua cadela doente, preferindo deixá-la morrer naturalmente de velhice, o mesmo não se dá a ver em outras obras sobre a vida e a morte de cães velhos e enfermos, nas quais a morte canina ocorre por decisão humana. Nesse caso não como um mero gesto de descarte, mas como um ato de amor, como uma forma de desviar o animal da dor extrema.

Na literatura, essa morte decidida e imputada em nome da compaixão se dá a ver, por exemplo, no romance *A insustentável leveza do ser* (1983), do tcheco-francês Milan Kundera, mais precisamente na sétima parte do livro, toda dedicada à convivência dos personagens Tomas e Tereza — um casal atormentado pelos reveses da vida conjugal — com sua cadela Karenin. Esta, com câncer e condenada a morrer em grande sofrimento após a remoção do tumor, é submetida à eutanásia por decisão do casal, protagonizando, com isso, uma das cenas mais tocantes da literatura contemporânea. Antes dessa cena, porém, Tereza rumina em silêncio sobre a natureza de sua ligação com Karenin, chegando à conclusão de que o amor que a unia à cadela era melhor do que o amor que existia entre ela e Tomas. "Melhor, e não maior", diz o narrador. Isso porque o amor canino é desinteressado, é dado de graça. É um amor idílico, que "só existe porque vem de um animal, que não foi expulso do Paraíso" (Kundera, 1985, p. 299).

Como no filme de Laurie Anderson, o amor canino também serve de parâmetro para que Tereza avalie o amor entre humanos, incluindo o materno. A dificuldade em amar a mãe (ou a obrigação de amá-la) emerge no mesmo capítulo do romance com intensidade. O que foi ressaltado na cena do filme de Philip Kaufman, de 1988, baseado no livro de Kundera, quando a personagem (interpretada por Juliette Binoche), diante da cachorra Karenin, resume tudo numa frase: "Fui forçada a amar minha mãe, mas não a este cão".

Aliás, a presença canina nessa adaptação fílmica é pontual, e até mesmo a cena do sacrifício da cadela não deixa de ser sucinta, o que, de certa forma, minimiza a importância da questão animal na película, em prol da ênfase nas relações humanas. Nesse sentido, subtrai uma das linhas de força mais poderosas do romance: a discussão sobre as interações interespecíficas e o relevo dado às potências afetivas e cognitivas dos sujeitos não humanos. A expressividade do olhar animal, por exemplo, que Kundera explora de maneira incisiva, se arrefece nas cenas fílmicas.

Nas páginas do livro dedicadas à morte de Karenin, o seu olhar para Tereza, pouco antes de ser sacrificada, merece atenção especial. Um olhar assustador, com uma intensidade, para a mulher, desconhecida. Como descreve o narrador, não era um olhar de tristeza ou desespero, mas "um olhar de uma arrepiante, de uma insustentável credulidade. Aquele olhar era uma pergunta ávida" (Kundera, 1985, p. 301).

Diante de um olhar como esse, mais uma vez a seguinte questão se apresenta: o que sabem, de fato, os cães (e outros animais) sobre nós, humanos? O que eles são capazes de nos perguntar sem palavras? Dado que somos incapazes de chegar, pela razão, a uma resposta, cabe-nos capturar, pelos sentidos, algo do que eles dizem sem propriamente dizerem. Afinal, como já foi discutido, os seres não humanos também possuem um saber próprio sobre o que olham, e, mesmo que não compartilhemos uma linguagem comum, a comunicação com eles se torna possível por outros jeitos que não através de palavras articuladas.

Vale lembrar que a questão da linguagem e das formas de comunicação interespécies tem sido, ultimamente, um campo fértil para descobertas surpreendentes sobre as linguagens não humanas, o que vem contradizer muitos pensadores ocidentais — entre eles, o filósofo alemão Martin Heidegger — que usaram o dispositivo "linguagem" para estabelecer os chamados "próprios do homem" em relação às demais espécies e definir, a partir disso, não apenas uma hierarquia entre os viventes, como também as demarcações dos conceitos de humano e humanismo.

Heidegger, aliás, chegou a associar — em *A essência da linguagem* (1958) — a incapacidade do animal de falar à incapacidade do animal de morrer. Na concepção heideggeriana, como elucida Jacques Derrida na entrevista "Eating Well, or the Calculation of the Subject", concedida a Jean-Luc Nancy, o animal não pode morrer porque ele, num sentido estrito, nem existe, ou seja, não questiona, não compreende, não faz uso da linguagem e, portanto, nada sabe sobre o começo ou o fim. A morte, nesse caso, é vista como uma experiência reservada aos humanos, sob a alegação de que os animais não a experimentam *como tal* (Derrida, 1995, p. 277-9).

Entretanto, o olhar de Karenin, que parecia pressentir sua morte próxima, desmente tal assertiva, tal como Argos, que esperou a volta de Ulisses para morrer. Ou a cachorra Baleia, de *Vidas secas,* de Graciliano Ramos, com sua indignada e desesperada reação à espingarda do vaqueiro Fabiano, decidido a matar a cachorra doente para poupá-la do sofrimento, como no livro de Kundera.

Integrante de uma família de retirantes nordestinos afligidos pela seca, Baleia exerce um papel central dentro desse grupo composto de pai, Fabiano, mãe, Sinhá Vitória, dois meninos, um papagaio e ela mesma, a cachorra, todos imersos num mundo em estado bruto, onde vivem condenados à mais radical penúria. Amorosa, vivaz e solidária, ela é considerada como uma pessoa da família e, segundo o narrador, não se diferenciava dos meninos,[3] o que levou muitos críticos brasileiros a qualificá-la como um animal humanizado, por esses acreditarem que suas faculdades emocionais, comportamentais e cognitivas sejam inerentes aos humanos e impróprias quando utilizadas para caracterizar um animal não humano.

O movimento feito por Graciliano Ramos, entretanto, pode ser visto como outro que não o do mero antropomorfismo: ele marca, sim, a condição de Baleia como a de um sujeito que, como Darwin ressaltou ao falar dos cães, possui uma "individualidade mental" e uma vida subjetiva complexa (Darwin, 2004, p. 105-6). Com isso, constrói uma personagem que, pela estreita convivência com os humanos, tem sua animalidade contaminada por essa proximidade, na mesma proporção em que a animalidade dos humanos se intensifica, mas sem demarcar os "próprios do homem" e os "próprios do animal".

A morte de Baleia, que ocupa todo o nono capítulo do romance, é certamente o ponto alto da história, não apenas por ser experienciada pelos três humanos como uma espécie de trauma familiar, mas também por provocar uma forte comoção nos leitores. Cito os primeiros parágrafos:

> A cachorra Baleia estava para morrer. Tinha emagrecido, o pelo caíra-lhe em vários pontos, as costelas avultavam num fundo róseo, onde manchas escuras supuravam e sangravam, cobertas de moscas. As chagas da boca e a inchação dos beiços dificultavam-lhe a comida e a bebida.

---
[3] Cf. Graciliano Ramos, *Vidas secas*, 1978, p. 98.

> Por isso Fabiano imaginara que ela estivesse com um princípio de hidrofobia e amarrara-lhe no pescoço um rosário de sabugos de milho queimados. Mas Baleia, sempre de mal a pior, roçava-se nas estacas do curral ou metia-se no mato, impaciente, enxotava os mosquitos sacudindo as orelhas murchas, agitando a cauda pelada e curta, grossa na base, cheia de moscas, semelhante a uma cauda de cascavel.
>
> Então Fabiano resolveu matá-la. Foi buscar a espingarda de pederneira, lixou-a, limpou-a com a saca trapo e fez tenção de carregá-la bem para a cachorra não sofrer muito. (Ramos, 1978, p. 90)

Após receber os tiros da espingarda de Fabiano, a cachorra se arrasta e tenta se esconder, entrando num estado de tremor e angústia, com a respiração apressada, "a boca aberta, os queixos desgovernados, a língua pendente e insensível". Porém, antes de morrer, sente vontade de dormir e sonhar, para, então, acordar feliz num mundo cheio de preás. Esse sonho, que poderia ser mais um indício da suposta antropomorfização da cachorra, só reitera o que hoje já se sabe cientificamente e, mais uma vez, Darwin antecipou: os animais sonham de forma vívida, possuindo também "certo poder de imaginação".[4]

Ao se centrar nessa experiência de Baleia no momento da morte, Ramos se vale da sensibilidade e da empatia para escrever a experiência interna da cadela baleada. Compõe, assim, uma das cenas mais fortes e comoventes da literatura brasileira, a qual, aliás, foi recriada com engenhosidade por Nelson Pereira dos Santos no filme *Vidas secas*, de 1963. Tanto que houve quem achasse, na época, que a cachorra que interpretara Baleia tivesse sido realmente assassinada em prol do realismo da cena. O que levou o diretor a exibi-la no Festival de Cannes como comprovação de que estava viva e ativa.

---

4 Cf. Charles Darwin, *The Descent of Man*, 2004, p. 96.

A cena da morte da Baleia, aliás, foi explicada em detalhes pelo diretor de fotografia do filme, Luiz Carlos Barreto, numa entrevista ao jornal *O Estado de S. Paulo*:

> Ninguém ia matar a Baleia. Fizemos um efeito especial subdesenvolvido. Pegamos uma linha branca de costura, amarramos a perna no rabo para ela fingir que tinha levado o tiro. Tinha a maquiagem, água de chocolate, não sei o quê. Ela tinha de fechar os olhos... Nós escolhemos uma locação, um carro de boi, e o sol nascendo... para ela olhar para o sol. O sol batia e ela foi fechando os olhos por causa da luminosidade. O Nelson botou toda a equipe para fora, e só ficamos eu, ele e o José Rosa — e a câmera. Ninguém falava nada. Na hora que ela começasse a fechar os olhos, o Nelson cutucava o Zé Rosa e ele ligava a câmara. O sol nasceu, ela fechou os olhos e deu a sensação nítida de morte.

Tais detalhes sobre a estratégia de filmagem do sacrifício da vira-lata evidenciam o artesanato fílmico do cineasta, que optou por atores não profissionais e inventou artifícios "caseiros" para extrair das situações os efeitos desejados. O "realismo" dessa cena de morte advém desses recursos criativos, em nítida consonância com os recursos visuais inerentes à escrita do autor alagoano.

À feição de Anderson e Kundera, mas por rotas distintas, Graciliano Ramos e Nelson Pereira dos Santos ingressam, portanto, na intimidade da espécie canina, dela extraindo uma poética dos sentidos. Com isso, todos os quatro, cada qual à sua maneira, entram em outros espaços de subjetividade que não a humana, de modo a expressar, em imagens e palavras, os sentimentos, os pensamentos e as sensações dos animais que convivem conosco. Assumindo muitas vezes o ponto de vista desses outros viventes, eles evidenciam que essas alteridades possuem outras formas de linguagem e de racionalidade que desafiam nossa compreensão.

5. Zoo(auto)-biografias contemporâneas

Amanhã, em suas fábulas, os bichos narrarão:
no tempo em que os homens sujavam o mundo.
Passemos aos animais, antes que esgotem:
Mia Couto

O espaço biográfico

Quando se pensa nos protagonistas animais de algumas obras ficcionais de viés (auto)biográfico, uma pergunta se impõe: embora excluídos da ordem do "quem" pelo pensamento legitimado do Ocidente e, portanto, destituídos oficialmente da condição de sujeitos, podem os animais não humanos ter biografias? Afinal, a biografia, enquanto narração oral, escrita ou visual dos fatos particulares das várias fases da vida de uma pessoa, sempre foi atrelada à experiência humana. Só a homens e mulheres — sejam célebres ou não — é dado o privilégio de ter a vida biografada. Daí que, para que o espaço biográfico acolha sujeitos não humanos, as próprias noções de subjetividade e identidade demandem uma reconfiguração.

Dominique Lestel, no artigo "The Question of the Animal Subject" [A questão do sujeito animal], enfoca brevemente esse conflito no campo etológico ao considerar que, para que uma biografia animal seja possível, cabe ao biógrafo relacionar-se diretamente com o indivíduo a ser biografado e, a partir de uma familiaridade longa e recíproca com ele, "interpretar o que somente o comportamento animal é capaz de expressar" (Lestel, 2014, p. 119). Assim, ainda que os seres não humanos sejam incapazes de falar em primeira pessoa e relatar sua própria história como autônomos, essa função de capturar o que não é dito em palavras por eles cabe a um intérprete que lhes é próximo.

Graças a essa parceria, torna-se possível a prática biográfica, sem que a identidade do biografado seja completamente adulterada ou suprimida. Em outras palavras, mesmo não conseguindo dizer "eu" e dependendo de uma terceira pessoa para que sua vida interior e exterior seja contada, o sujeito animal não deixa de ter identidade própria. Mas a biografia que resulta desse trabalho, sobretudo quando o ponto de vista animal é privilegiado no texto, não deixa de ser sempre um construto humano.

É exatamente essa dimensão de construto que atravessa explicitamente alguns romances voltados para vidas caninas, como *Flush: uma biografia*, de Virginia Woolf, e *Timbuktu*, de Paul Auster, entre outros. Incide ainda em diversas composições literárias[1] que se assumem como zoo(auto)biografias de bichos de outras espécies, a exemplo do recente *Memórias de um urso-polar*, de Yoko Tawada — evocado no início do capítulo 2 —, que se configura como um complexo caleidoscópio de sujeitos e vidas animais.

Biografias caninas

Se consideramos que o "eu", no caso dos bichos, só pode ser presumido e que a interioridade deles se traduz em palavras graças ao convívio homens-animais, a subjetividade inscrita

---

[1] Dentre outros romances contemporâneos voltados para o relato biográfico ou autobiográfico de vidas animais, destacam-se, além de *Memórias de um urso-polar*, de Yoko Tawada, *Memórias de porco-espinho*, de Alain Mabanckou, *O osso branco*, de Barbara Gowdy, e *F de falcão*, de Helen Macdonald. Já em *Autobiografia de um polvo*, Vinciane Despret lança uma insólita via ficcional para lidar com a questão da escrita autobiográfica de não humanos, mas não realiza, propriamente, um romance (zoo)autobiográfico; trata-se de um conjunto de "narrativas de antecipação", ou seja, ambientadas no futuro.

na biografia entra inevitavelmente no espaço das identidades híbridas, como acontece com muitos sujeitos poéticos ou narrativos da literatura. Pela convivência direta com os humanos, esses sujeitos têm sua vida contada por outras vozes que não as da sua espécie, ou, no caso das autobiografias, tornam-se "falantes" à custa de narradores que fazem as vezes de ventríloquos.

É certo que nem todos os textos de ficção centrados em (auto)biografias animais atribuem aos seus protagonistas não humanos o papel de narradores, ainda que o ponto de vista seja deles, como atesta *Flush: uma biografia*, de Virginia Woolf, que entrelaça, através do discurso indireto livre, duas subjetividades na narrativa: a do cão e a de quem narra a história em terceira pessoa.

Essa estratégia foi reinventada, décadas depois, por outros escritores, como Paul Auster, que, em *Timbuktu*, elege como protagonista um vira-lata, cuja vida é contada por meio de recursos narrativos afins aos de Woolf. Mesmo que Auster não tenha incluído a palavra "biografia" no título, como fez a escritora inglesa, e que não saibamos se de fato o vira-lata Mr. Bones existiu, não há como negar seu caráter de biografia ficcional, uma vez que ele evidencia que os cães de rua também são dignos de ter sua história de vida contada.

O fato é que as biografias caninas vêm se tornando cada vez mais frequentes e contemplando diferentes personagens. Se, ao longo dos séculos, os cães quase sempre entraram na literatura como coadjuvantes, a partir do final do século XIX eles passaram a assumir o papel de protagonistas. Antes, o herói era dono de um cão; hoje, o herói é o próprio cão.

Com relação a *Flush: uma biografia*, sabe-se que foi um marco da literatura canina do século XX, visto que Virginia Woolf reinventou com esse romance o gênero biográfico centrado em vidas não humanas. Nesse sentido, compôs um personagem cuja condição de sujeito animal se manifesta por um viés bastante peculiar, ganhando nuances de complexidade.

Publicado em 1933, o livro tem como protagonista um cocker spaniel inglês, o qual dá nome ao livro, e por meio dele a autora conta também a história da vida reclusa da poeta romântica Elizabeth Barrett e da relação amorosa vivida por ela com o também poeta Robert Browning em plena era vitoriana.

Graças aos recursos do discurso indireto livre, tudo é narrado sob a perspectiva canina, o que nos leva a conhecer tanto os sentimentos, atos e pensamentos do cachorro, quanto a intimidade da poeta inglesa, que, até o encontro com aquele que se tornaria seu marido, padecia de uma doença misteriosa e vivia sob a constante vigilância do pai autoritário. Além disso, todo um panorama crítico da sociedade londrina do tempo — marcada por hierarquias rígidas, restrições morais e muitos descompassos de ordem econômico-social — desenha-se aos nossos olhos ao longo do romance, sempre conduzido pelos movimentos caninos na narrativa.

Ao conferir a um cachorro o estatuto de protagonista e privilegiar seu olhar como o ponto de vista da história, Virginia Woolf escreve um romance ousado em termos narrativos e, num plano mais amplo, revolve a hierarquia das espécies. Reconhecendo no cão um "outro" que pensa, sente, sonha e experimenta o mundo com as faculdades e habilidades que lhe são inerentes e, nem por isso, inferiores às que particularizam a espécie humana, a escritora contribui de maneira reveladora para uma reconfiguração do papel do animal na literatura moderna e contemporânea. Ademais, ela mostra ser possível biografar um ser não humano, evidenciando, no seu trabalho biográfico, o caráter híbrido da subjetividade canina, moldada na estreita convivência do cão com o casal de poetas.

Logo no primeiro encontro com Elizabeth, quando é levado até ela como presente da amiga Mary Mitford, já é possível perceber o elo afetivo que se instaura entre os dois:

> "Ah, Flush", disse a srta. Barrett. Pois pela primeira vez ela o olhou no rosto. Pois pela primeira vez Flush olhou para a dama deitada no sofá. [...] Entre eles se interpunha o maior dos fossos que pode separar um ser de outro. Ela falava. Ele era mudo. Ela era uma mulher; ele era um cão. Assim estreitamente unidos, assim imensamente divididos, eles olhavam um para o outro. Então, de um só pulo, Flush saltou em cima do sofá e se deitou onde ele iria se deitar para sempre daí em diante — na manta aos pés da srta. Barrett. (Woolf, 2016, p. 21)

Antes, porém, a elegante residência da Wimpole Street é percorrida pelo cachorro e descrita, em detalhes, a partir do que ele captura pelos sentidos — em especial, o faro. Aliás, os cheiros atravessam o romance pelo faro de Flush, visto que para Woolf a experiência olfativa é o que há de mais intrínseco e incapturável no universo canino, uma forma particular de apreensão do mundo, da qual os humanos estão privados. No entanto, para que uma biografia canina seja possível, não há como não tentar "traduzir" em linguagem verbal tal experiência.

A certa altura, a biógrafa diz que é necessário fazer uma pausa para lidar com os cheiros que compunham a vida do cão, certa de que nenhum poeta poderia descrever o que Flush capturava pelo nariz em suas perambulações na Itália, para onde haviam se mudado. E acrescenta:

> [...] era no mundo do cheiro que Flush vivia a maior parte do tempo. O amor era sobretudo cheiro; forma e cor eram cheiro; a música e a arquitetura, a lei, a política e a ciência eram cheiro. Para ele, a própria religião era cheiro. Descrever a mais simples de suas experiências com a costeleta ou com o biscoito cotidiano está além de nossa capacidade. (Woolf, 2016, p. 96)

No que se refere ao primeiro encontro entre Elizabeth e o cocker, pode-se dizer que a partir da troca de olhares ocorrida ali a biografia canina começa a se tecer, numa mistura de detalhes prosaicos e sutilezas poéticas. Biografia essa sustentada no afeto mútuo de dois seres que, embora não se valham dos mesmos signos e formas de expressão, conseguem se comunicar por vias alternativas, não restritas ao território das palavras, mesmo que, por vezes, haja "enormes lacunas de compreensão entre eles". Woolf mostra, assim, que as habilidades comunicativas do animal possuem especificidades que escapam ao poder de compreensão dos humanos ao mesmo tempo que possibilitam um entendimento recíproco.

Isso acontece, de maneira mais ou menos similar, no romance *Timbuktu*, de Auster. O protagonista é o cão Mr. Bones, que, após a morte do companheiro Willy — um "artista profissional da vadiagem", com quem vivia e perambulava pelas ruas de Baltimore, nos Estados Unidos — , vê sua vida pelo avesso, sendo obrigado a enfrentar uma série de percalços.

Como em *Flush*, o ponto de vista é canino, embora a narrativa esteja na terceira pessoa. Um catálogo de percepções olfativas e outras sensações do protagonista também se apresenta a quem lê o romance, ao mesmo tempo que uma voz humana dá contorno à história e interpreta os fluxos internos do cão. Isso apesar de o narrador confessar que as coisas ficavam complicadas quando buscava interpretar o que o cachorro sentia. Afinal, o que resta aos humanos senão adivinhar o que se passa dentro de um animal não humano, dada a impossibilidade de o pensamento racional decifrar as ideias e os estados internos de um cachorro?

Em se tratando de cães, como já foi dito, a proximidade entre as duas espécies é notadamente mais estreita, e isso propicia várias formas de interação, cumplicidade e comunicação mútua. Ainda assim, a "outridade" canina não deixa de ser, em suas mais íntimas camadas, uma incógnita. O que se sabe sobre os cães está na ordem dos estudos científicos e no que se aprende no processo de convivência com eles. Da mesma forma, saber o que eles sabem sobre nós é um desafio.

Quanto aos cheiros, os quais tanto intrigaram Virginia Woolf, não deixa de ser uma constatação óbvia dizer que eles são uma espécie de bússola canina, visto que, como escreve Paul Auster, um cachorro possui em torno de 220 milhões de receptores de cheiro, ao passo que um humano é provido apenas de cinco milhões. O que justifica as elucubrações de Willy em torno de uma sinfonia que gostaria de fazer para os cães, baseada nos cheiros: "Qual era a sequência ideal de cheiros? Quanto tempo deveria durar uma sinfonia e quantos cheiros deveria conter?". Mal sabia ele que, para um cão, essa sinfonia nunca deixou de existir, pois, para este, "o mundo todo é uma sinfonia de cheiros", e "cada hora, cada minuto, cada segundo de sua vida em vigília é uma experiência física e espiritual ao mesmo tempo" (Auster, 1999, p. 34-7).

Primo Levi, no ensaio "A linguagem dos odores", observou o quão pobre é a linguagem humana relativa aos odores, ressaltando que "mesmo se nos esforçássemos, não atingiríamos nunca as faculdades de um cão, formadas por milênios de seleção natural e humana, e constantemente treinadas", já que qualquer cão, seja "o mais diminuto dos frívolos pets", é capaz de se orientar pelo nariz (Levi, 2016, p. 255).

Ao olfato de Mr. Bones somavam-se, na percepção de Willy, outras habilidades de compreensão, também reforçadas pelo narrador do romance. Uma delas passa pela linguagem, já que na estreita convivência com um artista intrinsecamente ligado às palavras, o cão acabou por se familiarizar com elas, demonstrando, em várias passagens, que entendia muito bem o que era dito. Até mesmo em sonho, Bones conseguia compreender nitidamente as palavras humanas, embora não pudesse se expressar por elas:

> A língua do bardo, a essa altura, disparava a mil por hora, mas Mr. Bones não perdia uma vírgula e podia ouvir as palavras de Willy com tanta nitidez quanto sempre as escutara em vida. Isso é que era tão estranho no sonho. Não havia nenhuma

distorção, nenhuma interferência ondulante, nenhuma repentina mudança de canal. (Auster, 1999, p. 56)

Essa interessante passagem refere-se ao momento em que Mr. Bones teria visto, em sonho, a morte de Willy, pouco antes de este ser recolhido da rua, moribundo, e levado para um hospital. Um sonho, segundo o narrador, sem distorções, "exatamente igual à vida", pois, embora "ouvisse as palavras em um sonho, estava acordado no sonho e, portanto, quanto mais tempo dormisse, mais acordado ele se sentia" (Auster, 1999, p. 56).

Aqui, duas faculdades, tidas como "próprias do homem", são enfatizadas sem que o cachorro seja completamente antropomorfizado. Ou seja, mesmo com uma boa dose de humanização, ele mantém sua condição canina e emerge como um animal capaz de sonhar como os humanos e lidar com linguagens diferentes da sua. O que, de acordo com os estudos etológicos, não é algo improvável, visto que cães (e outros animais) podem, de fato, sonhar e ter um trânsito nas linguagens alheias.

Vale aqui, aliás, relembrar Darwin, que já havia assegurado em *The Descent of Man*, no século XIX, a capacidade de cães e outros animais de sonhar, lembrar e imaginar, acrescentando que "como os cães, gatos, cavalos e, provavelmente, todos os animais superiores, mesmo pássaros, têm sonhos vívidos" (Darwin, 2004, p. 95-6), além de formas diversas de comunicação. No caso dos cachorros, os latidos variam de acordo com as emoções expressadas, como braveza, desespero, alegria, prazer, tristeza etc., e, mesmo que não façam uso de uma linguagem articulada, eles "entendem muitas palavras e sentenças" (Darwin, 2004, p. 106).

Alusões a essas faculdades caninas aparecem em outras cenas de *Timbuktu*. Já nas primeiras páginas, o narrador afirma que o inglês é a segunda língua do cachorro, como se ele fosse "um imigrante que já tivesse passado sete anos em solo americano". E completa:

> A maioria dos cães adquire um bom conhecimento operacional do idioma dos bípedes, mas, no caso de Mr. Bones, havia a vantagem de ter sido contemplado com um dono que não o tratava como um ser inferior. (Auster, 1999, p. 9)

Auster, explorando tais recursos, cria uma biografia canina que, até certo ponto, se mistura à história de vida de um humano, como em *Flush,* além de explorar procedimentos narrativos que permitem ao leitor entrar no mundo íntimo dos dois, sempre sob a perspectiva do cão. Mas, a partir do momento em que Willy morre, as situações adversas vividas por Mr. Bones passam a dominar a narrativa. A condição do cão abandonado à própria sorte na cidade se estende, por conseguinte, até o final, quando ele se lança a uma enorme estrada de seis pistas, com carros e caminhões em disparada, supostamente em busca de um reencontro definitivo com Willy. Com esses desvios, o romance-biografia do escritor estadunidense segue um rumo bem distinto do livro de Woolf.

Flush, pela origem aristocrática, pelos trânsitos em diferentes espaços não circunscritos a Londres e sua convivência intensa com um casal de poetas notáveis, se presta a uma biografia compatível com as que se voltam para figuras célebres. Já Mr. Bones — sem pedigree, sem casa e entregue à própria sorte e errância — ganha, por outro lado, uma biografia ficcional que tende a não ser reconhecida enquanto tal, embora não deixe de ser de fato a história de vida de um cão pobre e andarilho, pertencente àquela categoria dos "cães calamitosos" exaltada por Baudelaire, ou seja, os quais "erram solitários nas ravinas sinuosas das imensas cidades".[2] Ambas evidenciam que o espaço biográfico, além de se abrir a vidas não humanas, é ainda muito mais amplo do que se pensa, podendo acolher até mesmo viventes não considerados como de estimação.

---

[2] Charles Baudelaire, "Os bons cães", 1980, p. 122.

Os ursos heterônomos de Tawada

No que se refere ao romance *Memórias de um urso-polar*, obra exemplar no campo das escritas biográficas e autobiográficas centradas em animais não domésticos, mas domesticados, a zoo(auto)biografia e a ficção literária se imbricam de maneira inusitada, formando uma complexa rede de vidas humanas e não humanas.

Ao conjugar personagens/situações reais e inventadas, sem se furtar também ao uso de elementos oníricos, Yoko Tawada surpreende, o tempo todo, a expectativa de seus leitores. Para não mencionar os deslocamentos temporais, espaciais e culturais presentes no livro, somados a diferentes registros linguísticos e "sotaques" da escrita.

Várias indagações permeiam, silenciosamente, as páginas do romance, como estas: até que ponto uma treinadora de circo é capaz de burlar os limites de sua própria espécie para adentrar o corpo do animal que ela adestra e vivenciar outra subjetividade que não a humana? Em que medida uma ursa-polar, em intrínseca relação com os humanos, pode escrever um relato pessoal sobre sua vivência com eles e ter um ponto de vista sobre o mundo e a humanidade? O que os animais aprisionados em circos e zoológicos podem nos dizer sobre as relações de controle que constituem nossa sociedade, e vice-versa?

Com seu olhar multifacetado de escritora japonesa radicada na Alemanha, que escreve em duas línguas (às vezes simultaneamente) e cultiva forte ligação com a literatura russa, Yoko Tawada não responde necessariamente tais perguntas, embora nos conte muito mais do que sabe sobre elas ao desdobrá-las em outras não menos instigantes e perturbadoras.

Em três partes ao mesmo tempo complementares e avulsas, o romance traz a história real do pequeno urso-polar Knut, que, rejeitado pela mãe ao nascer, é criado por humanos no Zoológico de Berlim, tornando-se uma celebridade mundial. Antes de se deter nessa história, contudo, a escritora traz à tona as (auto)biografias da avó e da mãe do urso abandonado, que também viveram em espaços de confinamento em diferentes países, foram submetidas à exploração em circos e zoológicos europeus e mantiveram complexas relações com a nossa e outras espécies animais. Ou seja, Tawada compõe três (auto)biografias ficcionais de ursos num só livro a partir de um engenhoso entrelaçamento de mundos humanos e não humanos, criando um intrincado jogo entre primeira e terceira pessoas narrativas. Com isso, ela se dá a tarefa de "traduzir" em palavras o que imagina se passar na parte recôndita dos animais, ao mesmo tempo que reavalia os conceitos sedimentados de humanidade e de humanismo. E, como se não bastasse, ainda discute as deploráveis consequências do aquecimento global e das catástrofes ambientais para a vida do planeta.

Sabe-se que essa estratégia de dar voz aos bichos, fora dos moldes estabelecidos pelas fábulas animais da tradição ocidental e hoje em expansão na literatura de diferentes partes do mundo, teve Franz Kafka como um dos principais precursores, sobretudo se consideramos, entre outros textos, contos como "Investigações de um cão" e "Um relatório para uma academia" — este, uma forte referência para o romance de Tawada.

No que tange especificamente a esses dois contos, vale lembrar que os narradores são os próprios animais, que contam sobre sua vida e expressam seus pensamentos/sentimentos sobre o que viveram num mundo controlado pela soberania humana. O antropomorfismo, em ambos, é explícito, mas, diferentemente das fábulas, dos bestiários e outras histórias da tradição zooliterária ocidental, inscreve-se na ordem dos paradoxos e das interseções, sem se colocar exclusivamente a serviço de metáforas e alegorias.

Pedro Vermelho, o macaco de "Um relatório para uma academia", sob esse prisma, não está ali apenas para representar outra coisa que não ele mesmo, mas aparece literalmente como um símio que foi capturado na Costa do Ouro durante uma expedição de caça — algo que ele soube através de relatos de terceiros —, confinado numa jaula, levado para a Alemanha e entregue a adestradores (ou professores). Lá, foi submetido a um processo de humanização e aprendeu a língua alemã, pois a única saída que encontrou para si mesmo foi imitar os humanos. Em certo ponto do relato, ele diz:

> Naturalmente só posso retraçar com palavras humanas o que então era sentido à maneira de macaco e em consequência disso cometo distorções; mas, embora não possa mais alcançar a velha verdade do símio, pelo menos no sentido da minha descrição ela existe — quanto a isso não há dúvida. (Kafka, 2003, p. 63)

Trata-se de uma palestra sobre suas experiências pessoais, não desprovida de uma grande dose de ironia, sobretudo quando Pedro se desculpa perante a plateia, alegando que, por ter aprendido com sucesso a imitar os humanos, já é incapaz de falar como o macaco verdadeiro que vivenciou toda a história. Como "um animal marcado e ferido apresentando-se como testemunha diante de uma plateia de acadêmicos", ele tomou para si realizar, segundo pontuou a personagem/escritora Elizabeth Costello no livro *A vida dos animais*, de J. M. Coetzee, "a árdua descida do silêncio dos animais para a tagarelice da razão" (Coetzee, 2002, p. 33).

No romance de Tawada, é explícito o trabalho de retomada/reinvenção do escritor tcheco que, tal como a escritora, migrou para a Alemanha e passou a escrever numa língua que não era a sua e, por isso, sustenta a própria estranheza. Os dois, cada um à sua maneira, retomam as antigas fábulas a partir de uma nova consciência das conjunções/disjunções entre as espécies e fazem do antropocentrismo uma intrigante forma de encontro com a animalidade que nos constitui.

Essa afinidade se evidencia na primeira parte do livro, "Teoria da evolução da avó", na qual a avó ursa, que nunca é mencionada pelo nome, detém a voz narrativa para escrever sua própria história, expondo as vivências com o treinador de circo em Moscou, a ida para a Alemanha Oriental, o casamento e o nascimento de sua filha, Toska, no Canadá, seguidos pelo retorno à Alemanha. Já nas primeiras páginas, a matriarca relata ter participado de um congresso sobre "a importância da bicicleta para a economia nacional", o qual caracteriza como "desinteressante". Conta que, depois da palestra a que assistiu, levantou a pata para se manifestar, "jogando" a palavra "Eu" em cima da mesa (Tawada, 2019, p. 10).

Com os quadris dançantes sobre a cadeira, começou a falar ao público, sendo que, em suas palavras, "cada sílaba acentuada era como uma batida em um tamborim, que ritmizava minha fala". Descrevendo as diferentes reações de pessoas da plateia diante de sua exposição, chega à seguinte conclusão: "Isto é um circo. Toda conferência é um circo". A partir desse pequeno "relatório da academia" ela entra efetivamente na escrita/exposição de sua história pessoal enquanto ursa, recebendo a incumbência editorial de escrever sua autobiografia, sem deixar de participar de outros congressos e conferências, bem como de almoços de negócios com os convidados oficiais do circo a que estava ligada.

A certo ponto da narrativa, quando ela, já na Alemanha, comprou um livro de Kafka e leu "Um relatório para a academia", lemos suas impressões sobre o conto:

> Infelizmente, preciso admitir que achei interessante aquela história do macaco. Mas o interesse podia ter diferentes origens, até mesmo a raiva podia tê-lo causado. Quanto mais eu lia, mais descontrolada ficava minha raiva, e eu não conseguia parar de ler. (Tawada, 2019, p. 57)

Sua irritação com o símio teve a ver com a decisão dele de "querer se transformar em gente, e além de tudo falar sobre sua própria transformação", o que a levou a imaginar, com muita inquietação, o macaco "macaqueando um ser humano". Sua implicância, percebe-se, recai, sobretudo, no fato de o símio ser um bípede, alegando que "não é nenhum progresso andar sobre duas pernas". Tal antipatia a leva, mais adiante, a constatar: "Se tivesse lido aquele relato antes, teria escrito minha autobiografia de forma totalmente diferente". O que nos permite supor que a autobiografia que escreveu tinha algo da de Pedro Vermelho.

Páginas depois, reencontramos o conto kafkiano numa passagem em que a ursa o comenta com o livreiro Friedrich, dizendo se tratar de uma história interessante, embora não tenha conseguido acompanhar bem o pensamento do macaco e tê-lo achado ridículo por imitar os humanos. Toda uma discussão sobre Pedro Vermelho se inicia a partir dessa cena, desdobrando-se em considerações sobre Darwin e os homens da espécie *Homo sapiens*. Tudo engenhosamente encaixado na própria história da ursa.

O "Investigações sobre um cão", por outro lado, a leva a se conciliar um pouco com a espécie canina — pela qual sempre teve certo preconceito — por descobrir com Kafka que um cão pode ter "uma mente inquisitiva". Seus comentários mais incisivos sobre esse conto aparecem mais adiante, quando começa a especular sobre seu próprio trabalho como escritora. O fato de o cão de Kafka, segundo ela, estar preocupado com o presente e não se propor a criar um pretérito plausível levou-a a se questionar sobre seu próprio empenho em forjar "um passado que soe autêntico".

Vê-se, nessas e outras passagens, uma evocação irônica e bem-humorada dos animais kafkianos, o que reforça a incidência da obra desse escritor na composição de *Memórias de um urso-polar*, em interseção com outras referências oriundas da literatura russa, das fábulas animais e da tradição fantástica japonesa, entre outras.

Não vou resumir ou parafrasear aqui os acontecimentos que perpassam as histórias presentes em *Memórias de um urso-polar*, embora alguns dados — como os que se referem ao processo de composição do livro e sobre a relação entre espécies — sejam relevantes para o tema abordado neste ensaio. Cada uma das partes do volume tem sua peculiar importância no conjunto, sobretudo pelas peculiaridades narrativas. Se, na primeira, a avó ursa detém a voz narrativa para escrever a própria história, na segunda parte, por sua vez, duas personagens assumem a dicção: Toska e sua treinadora, Bárbara. Dada a interação entre a ursa e a mulher, inclusive nos sonhos, fica difícil saber onde termina a narração de uma e começa a da outra. Daí ser possível cogitar se a autobiografia de Bárbara não passaria de um relato escrito pela ursa a partir do ponto de vista de sua amiga humana.

Já na terceira parte, "Em memória do polo Norte", temos acesso à vida de Knut, o ursinho nascido no Zoológico de Berlim, renegado pela mãe e alçado à condição de celebridade. Mantendo uma estreita relação com seu treinador e com outros animais, ele só é capaz de se comunicar com os não humanos. A voz narrativa se inicia em terceira pessoa, mas, a partir de certo ponto, um "eu" se impõe. Isso nos leva a pressupor que o urso detém todo o processo de narração, mesmo quando se coloca como um "ele" para contar episódios de sua vida, falar sobre os demais animais e os cuidadores do zoológico. Depois, ao conseguir, a duras penas, se assumir como sujeito, passa a adotar a primeira pessoa. Com esses artifícios, Tawada conjuga perspectivas diferentes, podendo confundir ou até mesmo frustrar, estrategicamente, seus leitores.

Nas três partes, a vida de animais confinados ou explorados em espetáculos é exposta de maneira crítica e contundente, o que torna o romance um dos mais incisivos no trato dessas questões tão presentes em obras de ficção e poesia ao longo dos últimos séculos, após o surgimento de zoológicos, circos e feiras de curiosidade.

Aliás, a ideia de *curiosidade* se torna fundamental nos enredos que integram *Memórias de um urso-polar*, especialmente no que tange ao ursinho Knut, alvo de todo um aparato midiático e estrela chamariz de um grande público movido pelo interesse, pela comoção, pelo prazer ou pela mera bisbilhotice. Para voltar a Derrida, trata-se de uma *curiosidade* compulsiva que leva os que estão fora do espaço de confinamento a inspecionar, à distância, os confinados, "como se esses pobres animais cativos e mudos tivessem dado um consentimento que eles jamais deram a uma violência mais segura dela mesma do que nunca" (Derrida, 2008, p. 398).[3] Nesse sentido, o ursinho e, por extensão, sua mãe e sua avó, também "estrelas" de espetáculos no cativeiro, se tornam "curiosidades para multidões curiosas" (Derrida, 2008, p. 399).

Não se pode esquecer, aliás, que os zoológicos públicos, como as prisões, os hospitais psiquiátricos e os museus, surgiram mais ou menos na mesma época (final do século XVIII), sejam como instituições de confinamento, sejam como espaços de exibição. Eles seriam, sob esse prisma, um ponto de interseção entre confinamento e exposição pública, vítimas do que John Berger chamou de "marginalização forçada".

Assim, questionando os zoológicos, circos e quaisquer espaços de confinamento e exploração dos seres não humanos, a escritora se vale de uma escrita nômade, sem morada fixa, que se move continuamente entre pontos de vista, línguas, linguagens, culturas e espécies. Ao transitar entre o real e o absurdo, ela aborda as interseções entre os mundos animais, pondo em xeque os saberes legitimados sobre a dimensão zoo e, por extensão, nos levando a pensar sobre os limites de nossa própria humanidade.

As incursões no espaço (auto)biográfico, presentes no romance de Tawada, revitalizam, pelo viés da animalidade, a noção de biografia e, sob os influxos de Kafka, conferem novos matizes à ideia de antropomorfismo. À feição de Virginia

---

[3] Derrida lida com a palavra "curiosidade" a partir da articulação entre jardim zoológico e hospital psiquiátrico, da qual advêm ainda as palavras "tratar" e "tratamento", graças ao jogo entre "curiosidade" e "cura".

Woolf e Paul Auster, mas de modo bastante peculiar, ela faz uso de estratégias narrativas engenhosas para dar voz aos bichos e priorizar os pontos de vista das alteridades não humanas, contribuindo para a transposição das divisas entre as espécies.

Parte II

1. Paradoxos da animalidade em Clarice Lispector e Hilda Hilst

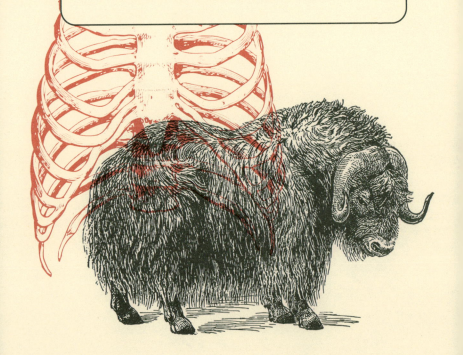

> *Que é preciso recriar o criar, meu Deus, ser truculento.*
> *Ser simples e não o ser.*
> *abandonar os campos, rodopiar*
> *a inteligência, a crueldade.*
> Herberto Helder

No cerne do que vive

Em 23 de outubro de 2021, foi inaugurada no Instituto Moreira Salles de São Paulo a exposição "Constelação Clarice" — com curadoria de Eucanaã Ferraz e Veronica Stigger —, dedicada à vida e à obra de Clarice Lispector, em suas interseções com obras visuais de 26 artistas brasileiras que atuaram entre as décadas de 1940 e 1970. Entre os onze núcleos criados para acomodar os trezentos itens da mostra — manuscritos, citações, fotografias, cartas, discos, páginas de jornais, livros e trabalhos artísticos — um deles foi destinado ao tema da natureza, sob o título "Adoração pelo que existe".

Fragmentos claricianos centrados em animais e plantas, bem como nas relações entre viventes humanos e não humanos, foram extraídos de contos, romances, depoimentos e entrevistas da autora, ocupando os espaços da sala, em diálogo com esculturas, quadros e fotos das artistas. Numa das paredes, salta aos nossos olhos a citação de um trecho de *A hora da estrela*, de 1977:

> Eu me dou melhor com os bichos do que com gente. Quando vejo o meu cavalo livre e solto no prado — tenho vontade de encostar meu rosto no seu vigoroso e aveludado pescoço e contar-lhe a minha vida. E quando acaricio a cabeça de meu cão — sei que ele não exige que eu faça sentido ou me explique. (Lispector, 1984, p. 39)

Se a voz que enuncia é a do narrador, Rodrigo S. M., ela não deixa de se confundir com a da própria autora, que sempre manteve uma forte ligação com os bichos, tendo levado para sua ficção diferentes espécies de animais e declarado, em depoimentos e cartas, o apreço por eles. Como lembra sua biógrafa Nádia Battella Gotlib, em *Clarice: uma vida que se conta*:

> Além de gatos e galinhas, haverá os bichos com nomes: o cachorro italiano Dilermando, o cachorro americano Jack, a miquinha Lisete, todos pertencentes a Clarice. E haverá outros de outros: a rata Maria de Fátima, o cão Bruno Barbieri de Monteverdi e a cadela Bolinha. Alguns não serão identificados pelo nome e aí o repertório será farto: coelhos, leão, girafa, macacos, peixes, búfalos, baratas, pombos, lagartixa, pintos, periquitos, ratos, cavalos, patos, quati, cães. [...] (Gotlib, 2013, p. 64)

Se, no Brasil, já existem importantes estudos sobre a presença de animais na obra de Clarice Lispector, sejam eles em teses acadêmicas ou em artigos e capítulos de livros dedicados à autora, pode-se dizer que Benedito Nunes (1929-2011) foi o primeiro a lidar, sob o prisma da filosofia, com os viventes não humanos no universo de Lispector, com ênfase nas figuras da barata (de *A paixão segundo G.H.*) e do búfalo, personagem do conto de mesmo nome que integra *Laços de família*.[1] Ao filósofo paraense se soma Silviano Santiago, que, no ensaio "Bestiário", de 2004, abordou na obra da escritora os bichos em suas diversas figurações e metamorfoses, explorando a condição

---

[1] Ver a parte III do livro *O dorso do tigre* (1969) e a obra *Clarice Lispector* (1973).

animal do humano, e vice-versa. Animais, nesse caso, bastante comuns, como o cavalo, o búfalo e a baleia, mas que se inscrevem de maneira incomum na escrita clariciana.

Sem dúvida, Clarice Lispector é, ao lado de Guimarães Rosa, Graciliano Ramos, Carlos Drummond de Andrade e Hilda Hilst, uma das vozes animalistas mais instigantes da literatura moderna brasileira. Ela não se vale literariamente dos animais com propósitos exclusivamente metafóricos nem os submete aos artifícios excessivos do antropomorfismo. Os animais na obra de Clarice são animais mesmo, em sua condição de viventes e, muitas vezes, submetidos aos atos de crueldade humana. Ao torná-los personagens, ela explora tanto a complexidade que os define como seres quanto os paradoxos que definem nossas relações com eles. Além disso, mostra, de maneira perturbadora, como a animalidade do humano se manifesta em tais relações.

Pode-se dizer que as esferas entre humano e não humano no universo literário clariciano são porosos e muitas vezes se confundem. Como pontuou Evando Nascimento no livro *Clarice Lispector: uma literatura pensante*, os bichos entram em sua ficção não "como aquilo que ameaça o homem, mas, ao contrário, contribui para o ultrapasse das barreiras impostas pela civilização ocidental" (Nascimento, 2012, p. 25).

Por outro lado, a presença deles, muitas vezes, não deixa de evidenciar o quanto também podem ser nossas vítimas, vide a história infantil *A mulher que matou os peixes*, motivo de um poema da portuguesa Adília Lopes (1997, p. 290), o qual reproduzo aqui:

> Clarice Lispector,
> a senhora não devia
> ter-se esquecido
> de dar de comer aos peixes
> andar entretida
> a escrever um texto
> não é desculpa

> entre um peixe vivo
> e um texto
> escolhe-se sempre o peixe
> vão-se os textos
> fiquem os peixes
> como disse Santo António
> nos textos

Já o exercício da animalidade intrínseca ao humano pode ser encontrado no já referido conto "O búfalo", que narra a história de uma mulher que entra no jardim zoológico "para adoecer". Ela vai até lá para achar, por meio do contato direto com o olhar das feras, um possível "ponto de ódio" que lhe permita lidar com uma decepção amorosa. Porém, acaba por encontrar no olhar de um búfalo a violência do amor. Através da animalidade do búfalo, ela se humaniza, como se vê na descrição que se segue, presente em sua obra *Laços de família*:

> E os olhos do búfalo, os olhos olharam seus olhos. E uma palidez tão funda foi trocada que a mulher se entorpeceu dormente. De pé, em sono profundo. Olhos pequenos e vermelhos a olhavam. Os olhos do búfalo. A mulher tonteou surpreendida, lentamente meneava a cabeça. O búfalo calmo. Lentamente a mulher meneava a cabeça, espantada com o ódio com que o búfalo, tranquilo de ódio, a olhava. (Lispector, 1995, p. 157)

O olhar do animal leva, dessa forma, a mulher ao limite abissal do humano, colocando-a em situação de perda e vertigem. Como pontua Benedito Nunes, a mulher e o animal se refletem mutuamente nessa troca de olhares, "um vendo o outro e se vendo no outro, um espelhando no outro o antagonismo que os une e que os separa" (Nunes, 1973, p. 83). Diante da força que emerge desse olhar não humano, poderíamos, inclusive, perguntar: o que o búfalo sabe sobre essa mulher, a ponto de ela "escorregar enfeitiçada ao longo das grades"?

Não há uma resposta satisfatória. Do que ele sabe, ninguém tem conhecimento. E toda tentativa de revelar esse saber está condenada ao fracasso.

Há outros textos da escritora em que a troca de olhares entre humanos e espécies animais diferentes também se faz presente, a exemplo do já referido conto "Tentação", de *A legião estrangeira*, e do romance *A paixão segundo G.H.*

Interessante que os animais envolvidos nesses escritos — no primeiro, com uma mulher; no segundo, com uma menina — sejam radicalmente distintos sob todos os aspectos: um cão e uma barata. Enquanto o canino se inscreve comumente no campo das relações afetivas, o inseto, na sua aparente impessoalidade e "desprezível" existência, se situa na ordem do asco. Porém, não deixam de compartilhar com os humanos um espaço comum, já que fazem parte da vida cotidiana, seja nas ruas, seja dentro da casas e outros espaços.

Cachorros e baratas podem ser, por isso mesmo, duas vias quase opostas de acesso à complexa (e paradoxal) zoopoética clariciana. Se os caninos, como se viu na seção anterior, têm enorme relevância na obra e na vida de Lispector, as baratas — ortópteros onívoros da família dos blatídeos, de hábitos domésticos e noturnos — também merecem destaque em pelo menos dois trabalhos da autora.

A barata pelo avesso

Em *A paixão segundo G.H.*, lançado em 1964, o exercício de animalidade se evidencia de maneira radical. Escrito em primeira pessoa, num fluxo de palavras, imagens e pensamentos de G.H. — mulher identificada apenas com as iniciais de seu nome —, o romance se volta para o espaço doméstico em que ela vive, o qual se mistura com o próprio espaço interior da personagem/narradora.

O cerne da obra é o embate dessa mulher com a alteridade, digamos, monstruosa de uma barata. Enfrentamento esse que é transformado num processo de interação visceral com o inseto — um desses "viventes minúsculos" que, segundo a estudiosa Anne Simon, no artigo "Escavar a terra, escavar a língua. Zoopoética dos vermes, insetos e outros parasitas", "escavam as suas galerias no interior das nossas paredes, constroem os seus ninhos nas nossas caves e penetram nas nossas casas para nelas habitarem" (Simon, 2021, p. 3). São "criaturas subterrâneas" que, ao mesmo tempo, "não o são totalmente, uma vez que tão depressa emergem como desaparecem, vivendo entre a ocultação e a visibilidade".

A barata do romance aparece subitamente diante da personagem que, tomada pelo susto, se desorganiza internamente frente àquela "alteridade obscura, com vida tenaz, tênue e até tirânica", para usar aqui novamente as palavras de Simon. O primeiro contato entre a mulher e o inseto ocorre também através do olhar: G.H. vê a barata, fecha os olhos de pavor, abre-os e se perturba pelo olhar do inseto, dizendo: "Viva e olhando para mim. Desviei rapidamente os olhos, em repulsa violenta".

A atração, contudo, leva a mulher a suportar a repugnância e, finalmente, observar diretamente a estranha criatura — descrita como parda e muito velha —, identificando-lhe os traços, a compacidade do corpo e "a cara sem contorno":

> As antenas saíam em bigodes dos lados da boca. A boca marrom era bem delineada. Os finos e longos bigodes mexiam-se lentos e secos. Seus olhos pretos facetados olhavam. (Lispector, 1979, p. 51)

Os olhos, como se pode atestar, são determinantes nessa descrição e nas partes que se seguem, pois, para G.H., "cada olho reproduzia a barata inteira". Daí a constatação: "O que eu via era a vida me olhando". E, nesse cruzamento de olhos, a mulher experimenta a travessia dos limites de sua própria humanidade, rumo à vida em estado de nudez:

> Era isso — era isso então. É que eu olhara a barata viva e nela descobria a identidade de minha vida mais profunda. Em derrocada difícil, abriam-se dentro de mim passagens duras e estreitas. (Lispector, 1979, p. 53)

Após esmagar, mas não matar de vez, a barata com a porta do armário, a personagem entra no inferno de sua própria existência. Como escreve Benedito Nunes em *A clave do poético*, a mulher é "uma criatura solitária em quarto vazio, sem a ninguém se confrontar, tendo diante de si, unicamente, a massa branca do inseto esmagado a provocar-lhe um 'um rapto de alma'" (Nunes, 2009, p. 214-5). A barata, quase morta, mas ainda viva, também é uma criatura solitária num quarto vazio que experimenta seu próprio inferno, enquanto a mulher faz, diante dela, elocubrações sobre a existência e o nada.

De G.H., a barata recebe ódio e solidariedade simultaneamente, o que confere um caráter paradoxal à própria solidão experimentada pelas duas durante a perturbadora troca de olhares. Nas palavras da protagonista: "Eu a odiava tanto que passava para o seu lado, solidária com ela, pois não suportaria ficar sozinha com minha agressão".

Ao se fitarem mutuamente, mulher e barata afirmam-se — cada uma à sua maneira e dentro das limitações de suas respectivas espécies — como sujeitos detentores de um rosto e um ponto de vista, embora este, no que tange à barata, não possa ser identificado racionalmente por nenhum humano. Por outro lado, o que subjaz a essas duas subjetividades é o informe, o que não tem nome nem rosto, a matéria que está aquém e além do humano e do não humano, que já não se inscreve na animalidade, mas na divindade.

Esse embaralhamento entre humano, animal e divino vivenciado por G.H. vai se potencializar no seu gesto final de comer a barata. Esse gesto leva a uma estranha mistura de identidades, inserindo-se na ordem da abjeção e do fascínio ao mesmo tempo. Ou seja, a náusea que ele provoca é também o que causa atração. Isso porque a abjeção é feita, como afirmou Julia Kristeva e nos ensina Clarice Lispector, sobretudo de ambiguidade, já que, "ao demarcar, ela não separa radicalmente o sujeito daquilo que o ameaça", sendo "uma mistura de julgamento e afeto, de condenação e efusão, de signos e pulsões" (Kristeva, 1980, p. 15).

No caso do miolo da barata, que por fim G.H. come em estado de vertigem, ouso dizer que ele é sublimado numa espécie de hóstia — que, como o pão, é feita de trigo (só que ázimo) e traz também o caráter insosso característico do que Clarice chama de "neutro". Daí que essa massa ingerida pela personagem não deixe de remeter às bolinhas de miolo de pão — também uma massa insossa, mole e esbranquiçada — que G.H. fazia quando se demorava à mesa do café, um dia depois de a empregada ter se despedido. Cito:

> Eu me atardava à mesa do café, fazendo bolinhas de miolo de pão — era isso? Preciso saber, preciso saber o que eu era! Eu era isto: eu fazia distraidamente bolinhas redondas com miolo de pão, e minha última e tranquila ligação amorosa dissolvera-se amistosamente com um afago, eu ganhando de novo o gosto ligeiramente insípido e feliz da liberdade. (Lispector, 1979, p. 20)

Sob esse prisma, a massa da barata, associada simbolicamente à massa de trigo, possibilita à personagem um salto ao sublime, ao que está onde nossa humanidade só pode alcançar ao atravessar a esfera do terrível.

Trata-se, aí, de um processo de metamorfose que prescinde da transformação física e se dá dentro mesmo de quem a experimenta. O que não deixa de ser uma experiência mística, mas liberta dos contornos de qualquer religião. Em outras palavras, uma experiência que conduz ao "vivo e úmido" nada, pois o que quer G.H., ao comer aquela imundície que não tem gosto nem cheiro, é aceder a um "êxtase sem culminância", por mais infernal que este possa ser. Um êxtase que se configura menos como transcendência do que como paixão.

O que possibilita esse movimento de G.H. rumo ao que ultrapassa sua própria humanidade é justamente a matéria fluida que sai do corpo do inseto. Nesse sentido, a história que constitui o livro não deixa de manter uma simetria inversa com a que se encontra num outro texto clariciano sobre baratas: o híbrido "A quinta história", de *A legião estrangeira* (1964), que se estrutura em cinco partes, correspondentes a cinco variações textuais de uma mesma história sobre como matar baratas.

Nele, a voz narrativa ensina as donas de casa a fazer uma cruel mistura de açúcar, farinha e gesso que, quando ingerida pelos blatídeos, se enrijece e os imobiliza, transformando-os em estátuas. Ou seja, um engessamento que, ao se efetivar dentro das baratas, acaba por se inscrever também no próprio texto, que, após se paralisar com a morte dos insetos, possibilita que outro se inicie para terminar também quando morrem as baratas enrijecidas, e assim por diante, até chegar ao quinto, que, tão logo começa, se interrompe, sugerindo que o que a autora chama de quinta história seja a que acolhe (e concentra num grande bloco de gesso) as outras quatro.

Das baratas engessadas dessas histórias, não se extrai nenhuma matéria viva que possa levar à travessia dos limiares entre o animal e o divino. Isso, ao contrário da barata movente de G.H., que, por expelir para fora do corpo cindido a matéria vital, é capaz de levar ao êxtase (ainda que sem culminância) quem a encara e com ela se identifica. Assim, entrando perigosamente "no inferno da matéria viva", a personagem evidencia dolorosamente "essa coisa sobrenatural que é viver".

Tendo em vista essas baratas, os cães e outros animais presentes na literatura de Clarice Lispector, podemos dizer que, entre o asco e o afeto, o ódio e a solidariedade, a crueldade e a compaixão, o aquém e o além do humano, muito de sua zoopoética se inscreve na ordem dos paradoxos.

A vida urgente: alguns bichos de Hilda Hilst

De certa maneira afinada com os exercícios de animalidade claricianos, mas com outros timbres e modulações, a obra poética de Hilda Hilst também merece destaque na moderna zoopoética brasileira. Cachorros, gatos, cavalos, mulas, porcos, vacas, tigres, leopardos, pássaros e peixes foram alguns dos viventes com quem a autora compartilhou uma existência comum na vida e na poesia. Em sua chácara Casa do Sol, no estado de São Paulo, acolheu em torno de uma centena de cães vira-latas, os quais se tornaram seus companheiros inseparáveis ao longo de muitos anos. Tão intensa foi sua cumplicidade com os caninos, que dizia: "Nossa, quando eu morrer, vou ser mesmo muito cortejada pelos cachorros!" (Hilst, 1999, p. 36).

Pelo que se pode depreender de sua história pessoal e de seus escritos, ela acreditava que o puro ofício de viver, nos seres não humanos, cumpre-se de maneira mais plena. Daí tê-los evocado com uma delicadeza feroz em sua poesia, buscando também mostrar o corpo vivo do animal que pulsava dentro de si mesma. Se, por um lado, tomou a poesia como ponto de interação com a alteridade animal, não deixou de tomá-la também como um *tópos* de travessia para o que chamamos de animalidade. Não à toa, buscou na figura do porco a própria encarnação do poeta, dizendo: "Porco-poeta que me sei, na cegueira, no charco" (Hilst, 2017, p. 440). E, com tal evocação, repetida em vários momentos, abriu o humano para outras formas de vida.

Se as figuras do cavalo e do pássaro já atravessam seus primeiros livros, é a partir de *Trajetória poética do ser* (1963-1966) que os animais surgem de maneira mais incisiva na obra hilstiana. Nesse livro, podemos ver desde o "êxodo dos pássaros" e o "mais triste dos cães" até "os cavalos da ilha" guardados no peito da poeta ou as "aves esguias e vorazes" sobre as lajes. O pássaro, com sua leveza, também aparece como metáfora da memória e, logo depois, a própria mulher que fala se identifica como ave e assim se descreve: "Ave-Mulher".

A imagem da ave retorna, potente, anos depois, no livro *Júbilo, memória, noviciado da paixão* (1974), onde se lê:

> Se uma ave rubra e suspensa ficará
> Na nitidez do meu verso? Há de ficar.
> Também eu. (Hilst, 2017, p. 240)

É quando o animal, a poesia e a poeta encontram seu lugar comum de forma intensa e febril. Mas logo, na seção "Árias pequenas. Para bandolim", a imagem da ave cede espaço à do peixe, não menos vigorosa, visto que se move com "a barbatana tensa" no ar, enquanto o corpo da mulher, feito de terra, "mergulha no gozo". A morte do peixe, com "o olho abismado", encerra o poema.

É a morte, aliás, que atravessa quase todos os livros de Hilda Hilst, em frequentes alianças com distintas espécies animais. Daí a presença reiterada do cavalo nesses poemas, desdobrado em búfalo e transfigurado num diminutivo feminino e afetuoso: "cavalinha". O que se dá a ver, com mais explicitude, em *Da morte. Odes mínimas* (1980), como na ode IX:

> Os cascos enfaixados
> Para que eu não ouça
> Teu duro trote.
> É assim, cavalinha,
> que virá me buscar? (Hilst, 2017, p. 321)

Essa animalização da morte, também designada de "amiga", estende-se, ainda, aos sonhos noturnos, quando a autora evoca, em *Da noite* (1992), as "éguas da noite" que galopam "entre os escombros/ Da paisagem que fui".

No referido *Da morte. Odes mínimas*, outras referências animais aparecem em profusão, sobretudo nos primeiros poemas (ilustrados pela autora), em intrínseca conjunção com o "eu" que neles se expressa. O rinoceronte, o elefante, o pássaro, a onça, o leão e as vacas compõem o repertório, sendo que a mulher se animaliza a cada poema. E, quando evoca a "negra cavalinha", com sua crina, patas e farpas, a poeta declara seu amor por ela. Assim, a vida que resta, diante da sedução da morte, torna-se cada vez mais urgente e, por extensão, mais animalizada, tendendo, ainda, para uma dimensão a um só tempo mística e erótica.

No âmbito do erotismo, o cavalo retorna na poesia hilstiana associado ao homem amado, a quem a poeta chama de "meu ódio-amor". A força e a intensidade do cavalo atravessam a relação corporal e sentimental que mantém com esse outro, a quem convida, no livro *Cantares de perda e predileção* (1983):

> Libertas sobre o meu peito
> Teu cavalo cego.
> E pontas e patas
> tentam enlaçadas
> Furtar-se às águas
> Do sentimento. (Hilst, 2017, p. 367)

Tal como o equino, o tigre, essa "criatura ígnea", também emerge com "estrias do dorso" e fome, saltando à superfície dos versos e trazendo à tona a condição visceral dos corpos em estado de "amor e fúria", "carícia, garra". Como escreve a autora:

> Dois tigres
> Colados de um deleite
> Estilhaçando suas armaduras. (Hilst, 2017, p. 367)

Trata-se de uma força ao mesmo tempo amorosa e violenta, provocada pela conjunção ódio-amor e capaz de provocar um "júbilo imerecido".

Para Hilst, o aquém e o além do humano — como em *A paixão segundo G.H.*, de Clarice Lispector — habitam uma mesma zona de intensidade. Por isso, ela não deixou também de extrair do animal uma dimensão divina. Nesse sentido, pôs a corporalidade do animal em intrínseca relação com a abstração inerente à espiritualidade. Se o próprio tempo, nessa poesia, é animalizado por possuir "enormes mandíbulas" que roem as vidas, não há como dissociar o animal de Deus. "Deus é porco", diz a poeta. O limiar entre o charco e o céu está sempre por um triz. Daí ela gritar às galinhas que falou com Deus. Por isso, ao reconhecer que tem patas e focinho, quando acreditava ter mãos e boca, ela tangencia o intangível de Deus. E chega a incorporar a subjetividade de uma mula para falar com Ele, como acontece nas oito estrofes do poema "Mula de Deus", incluído no último livro da autora, *Estar sendo. Ter sido* (1997). Aí, Hilst torna-se mula, assumindo um "eu" animal que, com o corpo acanhado, suas feridas e sua "demasiada coitadez", dirige a palavra a Deus e pede-lhe uma morte boa:

> Que eu morra junto ao rio.
> O caudaloso frescor das águas claras
> Sobre o pelo e as chagas.
> Que eu morra olhando os céus:
> Mula que sou, esse impossível
> Posso pedir a Deus. (Hilst, 2017, p. 124)

Marginalizada pelos homens, a poeta-mula acede ao divino e evidencia o fulgor do aquém/além do humano, misturando seus limites de maneira singular.

Entrando, pois, no corpo do animal (seja mula, porco, tigre, cavalo ou pássaro), Hilst assume, pelo recurso do fingimento poético, os sentimentos, desejos, vibrações e pensamentos desses outros não humanos. Convoca, portanto, todas as formas de vida à coexistência, ao mesmo tempo que as aproxima da esfera do sagrado. Por meio de uma ousada travessia de fronteiras, que se aloja na ordem dos sentidos (ou das sensações), ela desestabiliza nossa racionalidade e nos leva ao encontro com nossa própria animalidade.

2. A zoopoética de Carlos Drummond de Andrade

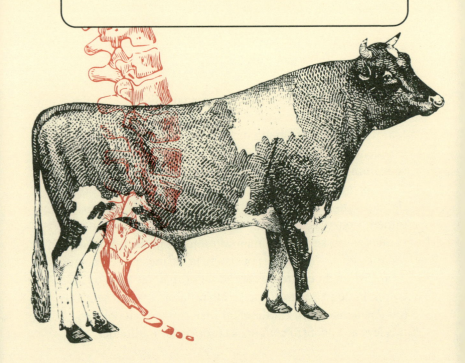

Já que o puro ofício de viver, nos bichos, se cumpre melhor.
Guimarães Rosa

E eles detêm certa sabedoria. Conhecem algo especial [...] algo que talvez estejamos muito curiosos para saber.
Ted Hughes

Drummond animalista

Em 4 de outubro de 1970, dia de São Francisco de Assis, Carlos Drummond de Andrade lançou no Rio de Janeiro, com Lya Cavalcanti — amiga jornalista, dedicada à defesa dos animais —, o primeiro número do jornalzinho *A Voz dos que Não Falam*, voltado para a causa animal. Um poema seu, dirigido ao padroeiro do dia, estampa a primeira página da publicação, sob o título "Conversa com o santo", no qual o poeta mineiro fala, em tom coloquial, sobre a maneira como os humanos lidam com os bichos. Numa das estrofes, lê-se:

> A gente gosta de um ou outro bicho em particular,
> como coisa nossa, de brinquedo. Gosta sem gostar.
> E nem isso, quanto aos outros que não nos pertencem,
> as infinitas coleções de animais que sofrem em todos os lugares da Terra
> e não podem dizer que sofrem, e por isto sofrem duas vezes...
> (Carlos Drummond de Andrade *apud* Bezerra, 2011)

Essa sensibilidade perante a vida penosa dos seres não humanos foi manifestada por Drummond de forma recorrente, em verso e prosa, ao longo de toda a sua trajetória literária, sobretudo a partir de 1954, quando iniciou sua parceria com Lya em torno da defesa dos bichos. Como mostra a pesquisadora Elvia Bezerra, que cuida dos arquivos literários do Instituto Moreira Salles e escreveu sobre essa relação de cumplicidade entre o poeta e a jornalista, muitas das crônicas de Drummond publicadas naquele ano funcionavam como reforço ou eco às campanhas que Lya fazia no programa *Dois dedos de prosa*, da Rádio Ministério da Educação. Numa delas, intitulada "Gente, bicho", o poeta diz: "Amor não distingue, antes se propaga em círculos concêntricos; amar os animais é uma espécie de ensaio geral para nos amarmos uns aos outros". Outras crônicas posteriores são mencionadas por Bezerra, entre elas "Sem vacina", na qual Drummond manifesta apoio à campanha pela erradicação da raiva; "O santo; os bichos", centrada em aspectos jurídicos da vida animal; e "Suipa", sobre a Sociedade União Internacional Protetora dos Animais, de que cito um trecho recortado pela pesquisadora:

> Recusei mesmo filiar-me à Academia de Letras do Café e Bar Bico, no Posto 6. Mas à Suipa eu pertenço com muita honra e gosto. Sou candidato ao Conselho Consultivo e prometo aconselhar sempre com sabedoria, prudência e justiça, depois de ouvir, é claro, meus queridos conselheiros particulares: Puck (um cãozinho velho) e Inácio (um gatinho novo).

O amor de Drummond pelas criaturas não humanas e a preocupação demonstrada por ele em relação às práticas cruéis dos homens contra a vida dos seres que estão fora das delimitações do que se entende por humanidade se explicitam, assim, de diversas maneiras na vida do poeta, o que o coloca entre os grandes "animalistas" da moderna literatura brasileira.

No seu primeiro livro, *Alguma poesia* (1930) — obra em que a vida prosaica, potencializada pelos sentimentos, sensações e abstrações do poeta em torno e a partir da própria vivência das coisas do mundo, se torna a principal matéria-prima dos poemas —, os bichos já aparecem, mesmo que de maneira esparsa: o cavalo do pai, o sabiá da palmeira, a saparia no brejo, a cigarra sobre o galho de uma árvore banal, o cachorro e o burro de uma cidadezinha qualquer, os animais domésticos de uma família do interior de Minas, as borboletas e andorinhas que comovem um tsar naturalista. Mas é a partir de *Claro enigma*, de 1951, que a figura do animal passa a adquirir maior espessura na obra poética do autor e a se inscrever mais explicitamente em suas crônicas de jornais.[1]

Dois poemas desse livro merecem realce não apenas pela densidade lírica, como também pelas questões que deflagram: "Os animais do presépio" e "Um boi vê os homens".

No primeiro, o poeta louva o reino animal, com seu "peso celeste" e sua "carga terrestre". Num tom melancólico, retira os bichos do espaço idealizado e cultuado pelo imaginário cristão, preferindo evocá-los como seres sofridos, que têm os "cascos lacerados/ na lixa do caminho" ou "com voo limitado", que vivem à mercê da soberania humana. Confere-lhes, dessa forma, uma realidade compatível com a que eles, de fato, têm em sua dura vida de todo dia, sem deixar também de inserir entre eles a figura do anjo, esse híbrido de ave, humano e divindade.

Nessa sua empatia com os animais do presépio, Drummond acaba, então, por atravessar a linha que demarca o que é humano e não humano, para incorporar, no extremo de sua natureza, não apenas a animalidade que os define como viventes terrestres, como também o que há de divindade na figura angelical. E, a partir dessa incorporação,

---

[1] Dentre as muitas crônicas drummondianas voltadas para o mundo animal, destacam-se, além de "Sem vacina" (1954), "Gente, bicho" (1954) e "O santo; os bichos" (1957), as seguintes: "Perde o gato" (1959), "Os animais, a cidade" (1971), "Da utilidade dos animais" (1974), "Um cão, outro cão" (1976).

passa a identificar-se com esses outros do humano, em especial os animais, como se lê nestas estrofes:

[...]

em mim, que nem pastor,
soube ser, ou serei,
se incorporam num sopro.
Para tocar o extremo
de minha natureza,
limito-me: sou burro.

Para trazer ao feno
o senso da escultura,
concentro-me: sou boi.
[...] (Andrade, 1979, p. 265)[2]

Interessante que, ao escrever "sou boi", o poeta já prepara o leitor para outro poema, "Um boi vê os homens", cujo sujeito poético é exatamente o boi. Nesse caso, ao bovino é conferido o poder de expressar o que pensa sobre os humanos, com a intermediação verbal de quem escreve, ou seja, o poeta.

Embora o título "Um boi vê os homens" sugira que o ponto de vista seja do animal, o uso da primeira pessoa ao longo dos versos não fica explícito, como era de esperar. Em nenhum momento, o boi diz "eu". No entanto, há a presença de um "nós" numa pergunta entre parênteses "(que sabemos nós?)" do antepenúltimo verso, o que passa a ideia de um boi que fala em nome de sua espécie. Mesmo que sob a dicção humana — afinal, trata-se de um poema, construto verbal —, o animal aparece aí como o porta-voz de uma coletividade bovina. E, nessa condição, ele profere alguns dizeres irônicos sobre a vida dos homens, em evidente dissonância com a visão que a humanidade tem de si mesma:

---

[2] A maioria das citações de Carlos Drummond de Andrade neste capítulo, salvo quando houver menção a outra obra do escritor, constam do livro *Poesia e prosa* (1979).

> [...] Certamente, falta-lhes
> não sei que atributo essencial, posto se apresentem nobres
> e graves, por vezes. Ah, espantosamente graves,
> até sinistros. Coitados, dir-se-ia não escutam
> nem o canto do ar nem os segredos do feno. (Andrade, 1979,
> p. 266)

Ainda que essa crítica à humanidade seja formulada por Drummond, ela poderia perfeitamente advir da percepção do boi, cujo ponto de vista o poeta encena no texto, ao "fingir" (no sentido pessoano dessa palavra) que quem vê e fala é um sujeito bovino. Ou seja, duas subjetividades se interpõem no poema: a do animal (com sua imaginada visão sobre a humanidade) e a do sujeito humano que reproduz verbalmente o que esse eu animal supostamente estaria vendo e pensando sobre os homens. Percebe-se, pois, um empenho do poeta em se colocar na pele desse outro e tentar depreender o que este seria capaz de dizer se tivesse acesso à linguagem verbal.

Com esse recurso de sobreposição, Drummond busca expressar o que, na verdade, não se sabe, mas se imagina, sobre como os bois nos veem.

Quando entra no corpo do boi para tentar traduzir o modo como ele vê os humanos, Drummond assume, pelo recurso da ficção (ou do "fingimento"), o olhar desse outro, de modo a externar um possível saber bovino sobre a humanidade. Com isso, ensina-nos mais do que sabe sobre como os bois veem a nossa espécie.

Ao assumir um "eu" alheio, o poeta encena um ponto de vista diferente, de maneira a entrar sensorialmente, como diria Pessoa, em distintos estados de alma para, então, personificá-los em "eus" inventados. O sujeito poético adquire, dessa forma, o estatuto de um personagem, ou, para usar aqui uma expressão de Bernardo Soares/Fernando Pessoa, torna-se uma "figura minhamente alheia" em relação a quem o cria.

Ainda que a fala bovina se manifeste em nome de um conjunto de bois, visto que o "nós", como já foi mencionado, é o pronome principal do poema, o sujeito que se manifesta é o boi no singular, que se coloca como porta-voz de seus pares, interpretado (no sentido de encenado) pelo poeta-fingidor. Nesse sentido, é um sujeito heterônomo (e, não, autônomo), para voltar aqui à terminologia de Dominique Lestel, uma vez que ele precisa do humano para adquirir uma dimensão subjetiva. Mas, à diferença do sujeito heteronímico de Pessoa (no caso da heteronímia, o outro eu adquire autonomia em relação ao seu criador), o sujeito heterônomo, como o boi de Drummond, não chega a ser um eu independente, por estar submetido às leis da linguagem e do pensamento humanos para se constituir no poema.

De toda forma, não dá para negar que se trata de um animal feito de palavras e, por mais autônomo que ele possa parecer como "eu poético", resta sempre como um heterônomo ou, quem sabe?, até um heterônimo de feição pessoana.

No caso do boi de Drummond e de tantos outros bois literários, como os de "Conversa de bois" e de "Entremeio — com o vaqueiro Mariano", de Guimarães Rosa, existe certamente uma tentativa de marcar o estatuto desses animais como sujeitos ou até mesmo — no que se refere aos bois rosianos — como "pessoas" dotadas de nomes próprios, personalidades bem definidas, histórias de vida biografáveis. E, nesse sentido, ainda que tais bichos sejam moldados pela escrita do poeta, eles sustentam a sua singularidade.

Vidas ao redor

Na vasta poesia de Drummond, os bois e as vacas também aparecem na condição de "eles" e "elas", convertidos em figuras poéticas recorrentes.

Por ter vivido a infância no interior de Minas, onde seu pai foi fazendeiro, o poeta nunca deixou de evocar as paisagens rurais dos anos em que esteve em contato mais direto com animais, trabalhadores do campo, plantações e elementos naturais do seu entorno. Daí que, em seus poemas, tenha enfocado as reminiscências dessa vivência, flagrando as belezas, os reveses e as contradições das comunidades rurais do seu tempo de criança. Comunidades essas, vale lembrar, compostas de relações interespecíficas, nas quais homens, animais e plantas se misturavam de forma intrínseca.

Nessas comunidades rurais híbridas — hoje rarefeitas ou quase extintas pela ação devastadora da industrialização das fazendas e da proliferação das granjas e dos cativeiros de reprodução —, humanos e não humanos se inseriam num espaço feito não apenas de trocas de experiências, aprendizagens e afetos, como também de conflitos, embates, violência e exploração. Trata-se de uma sociedade em que a interação entre as espécies, atravessada por elementos bastante contraditórios, constitui um espaço compartilhado no qual a animalidade, longe de ser vista como uma ameaça aos humanos, torna-se uma condição comum entre homens e outros viventes animais.

Carlos Drummond de Andrade tratou dessas contradições em muitos poemas ao longo de sua trajetória literária, em especial nos livros *Boitempo*, de 1968, e *Menino antigo* (*Boitempo II*), de 1973 — de explícito viés memorialístico.

A própria inserção da palavra "boi" dentro do neologismo "boitempo" usado como título dessas obras já aponta para esse universo vivenciado pelo menino Drummond no mundo rural e para a ideia de passado como matéria de ruminação. O boi torna-se, então, não apenas o animal de referência para a rememoração da roça como um espaço perdido no tempo, virando um "personagem" lírico, mas também uma palavra capaz de deflagrar cenas e cenários da vida vivida pelo poeta em tempos remotos, algo que já havia se presentificado no poema "O boi", do livro *José*, de 1942, em que o boi aparece associado à solidão no campo, em contraponto à solidão do homem na cidade.

Esse tempo do Drummond criança é também um lugar em que o dia entardece e anoitece de forma diferente, como o poeta escreve no poema que tem como título a própria palavra "Boitempo". Um lugar onde "a sombra vem nos cascos,/ no mugido da vaca/ separada da cria" e onde o passar das horas do dia e da noite é marcado pela própria rotina do gado na fazenda:

> A luz chega no leite,
> morno esguicho das tetas
> e o dia é um pasto azul
> que o gado reconquista. (Andrade, 1979, p. 518)

Bois, vacas, bezerros, mulas e cavalos compartilham, assim, sua existência com os humanos e outras espécies animais, numa convivência diária, o que condiz com a ideia de comunidade. Isso se vê, de maneira explícita, no poema "Surpresa", no qual Drummond se refere aos cavalos:

> Estes cavalos fazem parte da família
> e têm orgulho disto.
> Não podem ser vendidos nem trocados.
> Não podem ser montados por qualquer.
> Devem morrer de velhos, campo largo.
>
> Cada um de nós tem seu cavalo e há de cuidá-lo
> com finura e respeito. (Andrade, 1979, p. 518)

O respeito ao equino é tal que mesmo a mordida que o cavalo dá no menino é tratada com ironia, como se vê na estrofe designada de "Coro fazendeiro":

> O cavalo mordeu o menino?
> Por acaso o menino ainda mama?
> Vamos rir, vamos rir do cretino,
> e se chora, que chore na cama.

Não à toa, um dos poemas seguintes, "Estrada", começa por exaltar essa figura animal ao compará-lo ao cavaleiro: "O cavalo sabe todos os caminhos,/ o cavaleiro não".

A prática dos afetos em relação aos bichos da fazenda está também presente no poema "Nomes", de *Menino antigo*, que se estrutura na forma de uma lista de nomes de animais rurais que viveram no entorno do poeta em sua infância, entre eles Andorinha, Neblina, Baronesa, Soberbo, Lambari, Sereia, Relógio, Labirinto, Ciganinha. Ao final, ele diz:

> Assim pastam os nomes pelo campo,
> ligados à criação. Todo animal
> é mágico. (Andrade, 1979, p. 560)

Se esses animais já não existem, seus nomes permanecem. E, nessa condição, eles pastam pelo campo da memória, convertidos em seres mágicos, metamorfoseados em outros bichos que seus nomes evocam, visto que nomes comuns de animais diferentes, como besouro, beija-flor, pintassilgo etc., serviam-lhe, naquele tempo remoto, de nomes próprios para os animais rurais. O poema, assim, convida o leitor a entrar num conjunto vivo e poético de criaturas, habitantes do imaginário do eu que as evoca.

Nem só de afeto e respeito, contudo, são feitas as relações interespecíficas dentro dessas comunidades rurais, haja vista que estas sempre foram regidas pelos humanos que nunca deixaram de depender deles em termos de alimentação, vestuário, ferramenta de trabalho e meio de transporte. Se o cavalo faz parte da família, ele é também quem dá mobilidade ao fazendeiro e por este tem sua vida controlada, pois, como diz John Berger em "Animais como metáfora", os animais rurais são, ao mesmo tempo, "subjugados *e* idolatrados, criados *e* sacrificados". Nas suas palavras:

> Um camponês se torna amigo de seu porco, e fica feliz em salgar a sua carne. O que é significativo e difícil para

> a compreensão de um estranho, morador das cidades, é o fato de as duas sentenças estarem ligadas por um *e*, e não por um *mas*. (Berger, 2010, p. 6-9)

Esse vínculo paradoxal é abordado por Drummond em alguns dos poemas de seus livros de memória, como "O fazendeiro e a morte", em que a crueldade humana é exibida de maneira contundente, como se pode atestar neste fragmento:

> Bate na vaca, bate.
> Bater até que ela adote
> a cria da vaca morta
> como sua cria morta.
>
> Batebate na vaca, bate.
>
> Bate couro sobre couro
> na ilusão do cheiro-pelo.
> Se não vale,
> bate na recusa, bate
> naquilo que te rebate. [...] (Andrade, 1979, p. 516-7)

A violência emerge como parte do convívio, como imperativo para que o poder soberano do homem seja perpetuado. Sem ela, a hierarquia entre as espécies não se sustentaria. Trata-se de algo que o próprio Antigo Testamento estabeleceu ao autorizar Adão — e, por extensão, toda a espécie humana — a administrar a vida e a morte dos animais, como escreve Marguerite Yourcenar em seu poderoso ensaio sobre o sofrimento dos viventes não humanos, "Para onde vai a alma dos animais?":

> Parece que uma das causas mais importantes do sofrimento animal, pelo menos no Ocidente, deve-se à injunção bíblica que Jeová transmite a Adão no paraíso, onde, depois de mostrar-lhe o mundo de animais, o faz nomeá-los e declara-o mestre e senhor de todos eles. Essa cena mítica sempre foi

> interpretada pelo cristão e pelo judeu ortodoxos como uma permissão para usar à vontade essas milhares de espécies que exprimem, por suas formas diversas das nossas, a infinita variedade da vida, e por sua organização interna, por seu poder de agir, gozar ou sofrer, a evidente unidade da vida.
> (Yourcenar, 1985, p. 41)

Assim, se o tempo na fazenda é o tempo das vastidões, da vida urgente e obstinada das criaturas que a povoam e nela transitam, é também o espaço onde o homem se dá o poder de fazer morrer e deixar viver os que são considerados inferiores na hierarquia dos viventes, pelo simples fato de que a humanidade se arroga o direito de se atribuir qualidades e propriedades negadas aos não humanos, além de considerar que o sofrimento destes é menos importante que o sofrimento humano.

A relação empática de Drummond com os bichos inscreve-se em poemas que tratam dessas relações paradoxais. Ora os bovinos, ora os equinos são evocados nessas manifestações de compaixão, a exemplo da "mulinha do leite", a "mulinha carregada de latões" do poema de *Boitempo* que tem como título exatamente "Mulinha".

Já no livro *Boitempo II*, aparecem as feras e os pássaros do "Chamado geral", as serpentes vivas de um brasão e um gato torturado com um carretel. Repertório esse que se amplia em *Menino antigo*, com a entrada em cena da anta (esfolada e esquartejada pelos caçadores do Vale do Rio Doce) e da ave jacutinga, além de cenas de caça e da vida miserável dos animais recolhidos para descarte, como se vê em "Curral do Conselho".

Esse poema, aliás, destaca-se como um dos mais pungentes da "zoolírica" drummondiana, por expor a "vida nua" dos animais errantes, intrusos, idosos e enfermos que são confinados num depósito sinistro, descrito como "anexo-dependência do Matadouro". Em sua marginalidade precária, eles estão condenados à eliminação sumária ou ao apodrecimento, o que leva o poeta a perguntar:

> [...] Aqui se espera
> uma sorte qualquer
> ou nenhuma.
> Se passam para o outo lado
> e são abatidos?
> Se apodrecem aqui mesmo
> ou fogem?
>
> Quem virá buscá-los e para quê,
> a burros velhos que não valem
> o capim-gordura e o milho prêmios,
> e a cachorros cegos de lazeira
> desaprendidos de latir? [...] (Andrade, 1979, p. 570-1)

São animais que compõem, dessa maneira, um amontoado de seres, cuja existência não vale nada e cuja morte não importa a ninguém. Não à toa, esse depósito aparece, na última estrofe, designado de "Hotel do Fim". Estariam, em vista disso, dentro do que o filósofo italiano Giorgio Agamben chamou, em *O poder soberano e a vida nua*, de "vida sem valor" ou "indigna de ser vivida", na qual estariam inseridos não apenas os animais "descartáveis", como também os próprios humanos vistos como "matáveis" por não serem considerados dignos de viver (Agamben, 1998, p. 137). Tendo eles perdido "a qualidade de um bem jurídico" (Agamben, 1998, p. 132), também perderam definitivamente todo o seu valor para a sociedade.

Donna Haraway trata dessa "classificação de todas as coisas vivas em categorias que tornam certos atos de matar insignificantes e outros, crime" (Haraway, 2011, p. 411). Mas, segundo ela, "nenhum ato de matar é insignificante". Assim como, poderíamos acrescentar, nenhuma morte é insignificante. E é nesse sentido que Coetzee afirma em *A vida dos animais*, pela voz da personagem Elizabeth Costello, que "quem diz que a vida importa menos para os animais do que para nós nunca segurou nas mãos um animal que luta pela própria vida; todo o seu ser está na carne viva" (Coetzee, 2002, p. 78). Não obstante, a morte ainda é concebida, no Ocidente, como uma experiência exclusivamente humana, visto que, sob a perspectiva antropocêntrica, os animais não possuem consciência da morte e, logo, ela não teria importância para eles. Dessa forma, como afirmou Derrida nos seminários de *La bête et le souverain*, "é-se desculpado de qualquer crime contra qualquer vivente não humano" (Derrida, 2008, p. 156).

Essa exclusão das espécies não humanas da experiência da morte é apenas uma entre várias outras exclusões advindas da objetificação dos animais, contra a qual Drummond se posiciona ao restituir aos não humanos o papel de sujeitos.

Terra devastada

Os animais também aparecem na poesia drummondiana como vítimas da devastação do meio ambiente.

Num contexto em que a ecologia não era ainda uma questão em evidência nem uma linha temática visível na literatura das primeiras décadas do século XX, Drummond, com suas antenas agudas e sensíveis, capazes de captar as ondas do que ainda estava por vir, já levava para textos em verso e prosa a inquietação diante da extinção de muitas espécies não humanas que habitavam o mundo natural, além de abordar os efeitos nocivos da ganância capitalista sobre as paisagens mineiras. Não à toa, no livro *Maquinação do mundo: Drummond e a mineração*, José Miguel Wisnik abordou — de forma precursora — as inquietações e as denúncias do poeta diante dos estragos provocados pela exploração de minério no estado, em especial na cidade de Itabira, onde o Pico do Cauê — referência importantíssima para a infância de Drummond — foi totalmente destruído pelas atividades mineradoras promovidas pela Companhia Vale do Rio Doce, o que, aliás, já prefigurava com grande antecedência outros desastres criminosos em terras mineiras, como os de Mariana e Brumadinho, ocorridos em 2015 e 2019, respectivamente.

Em *Boitempo*, a inquietação com o desaparecimento dos animais se faz ver de maneira explícita no já mencionado poema "Chamado geral", que contém uma lista de pássaros e mamíferos capazes, segundo o poeta, de "restaurar em sua terra este habitante sem raízes". Trata-se de um catálogo nostálgico, que inventaria os bichos que antes habitavam o território mineiro e hoje já não são mais vistos, por causa das práticas maléficas promovidas contra a natureza: onças, veados, capivaras, pacas, tamanduás, cutias, quatis, raposas, preguiças, papa-méis, mutuns, jacus, jacutingas, seriemas, araras, papagaios, periquitos, tuins, inhapins, gaturamos, papa-arrozes, curiós, pintassilgos. (Andrade, 1979, p. 515)

Nesse caso, é como se o poeta necessitasse da presença dessas criaturas para a afirmação de seu próprio estado de pertencimento à sua terra de origem. Ao chamá-las de volta, ele faz também um manifesto poético de inflexão ecológica. O que se repete num outro poema bem posterior, "O céu livre da fazenda", da obra *Corpo* (1984), no qual se encontra a enumeração de diversos nomes das aves que frequentaram a vida rural dos velhos tempos e hoje se encontram em processo de extinção. Cito um trecho:

> Repara, homem do asfalto, a seriema
> a preparar, no capim alto, seus disfarces,
> e a corruíra-do-brejo, a viuvinha,
> o lenhador-de-olho-branco, a saracura,
> todas essas aves que só existem nas
> nas gravuras dos livros, na empalhada
> vitrina dos museus... porque matamos
> o que era vida alada em nossa volta.
> (Andrade, 2015, p. 42-3)

Aliás, a crítica drummondiana à empáfia da espécie humana, que se arroga o poder de fazer o que bem entende da natureza, também se dá a ver em poemas como "Águas e mágoas do rio São Francisco" (de *Discurso de primavera*), "Ai dos macacos" (de *Amar se aprende amando*), "Adeus a sete quedas", publicado no *Jornal do Brasil* em 1982, e "Mata Atlântica", um poema longo, que apareceu em forma de livro, em 1984.

Do referido livro *Corpo* é também o poema "História natural", em que, com apenas seis versos, Drummond fala da amplitude do mundo natural e seus elementos insólitos. Certas propriedades/habilidades de bichos e plantas, que contrariam os saberes legitimados sobre eles, compõem outra história natural, pouco afinada com os compêndios sobre a natureza, capaz de nos provocar perplexidade e possibilitar nosso encontro com o mundo das coisas extraordinárias. Nesse sentido, a estranheza dessa história criada pelo autor rompe com a ideia cristalizada de natureza e desloca o olhar humano sobre o mundo, desordenando "o mundo nomeado e o saber do leitor".[3]

Pode-se dizer que, tal como esse poema, a obra poética de Drummond, como um todo, cumpre esse papel desestabilizador das verdades sobre a vida, a natureza e, de um modo mais específico, os animais. Com isso, constrói modos criativos (e reflexivos) de acesso ao outro lado das fronteiras do humano, sem deixar de nos mostrar com seus construtos que "o mundo não é o que pensamos".

---

3 Ver Maria do Carmo Campos, "Drummond, variações sobre um mesmo corpo", 1991, p. 52.

3. Alteridades não humanas e poéticas da natureza no Brasil contemporâneo

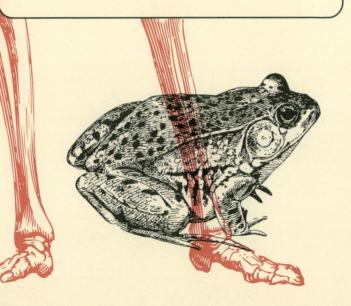

Já que a natureza está sendo assaltada de uma maneira tão indefensável, vamos, pelos menos, ser capazes de manter nossas visões, nossas poéticas sobre a existência.
Ailton Krenak

Penso num comércio de frisos e de asas, de sucos de sêmen e de pólen, de mudas de escamas, de pus e de sementes. Um comércio de cios e cantos virtuais; de gosma e de lêndeas; de cheiro de íncolas e de rios cortados. Comércio de pequenas jias e suas conas redondas. Inacabados orifícios de tênias implumes. Um comércio corcunda de armaus e de traças; de folhas recolhidas por formigas; de orelhas-de-pau ainda em larva. [...] Um comércio de anéis de escorpiões e sementes de peixe.
Manoel de Barros

Viventes em perigo

Aracu é um "peixe fluvial de boca pequena, dentição forte, que se alimenta de matéria vegetal e de animais em decomposição". Baiacu, um "peixe capaz de inflar a barriga quando fora d'água, ou para boiar e fugir à perseguição dos inimigos". O cará "se caracteriza por cuidar da prole, chegando a esconder os alevinos na boca quando ameaçado", enquanto o guariba é um "símio que vive em bandos de mais de doze indivíduos, guiados pelo macho mais velho, o capelão", e o jacuraru, "um lagarto, teiú, de grandes machas pretas e que pode chegar a medir dois metros".

Esses e muitos outros animais amazônicos compõem o glossário[1] que fecha o monumental romance *A espera do nunca mais: uma saga amazônica*, do escritor paraense Nicodemos Sena, lançado na virada dos anos 2000 e que, vinte anos depois, em plena primeira onda pandêmica do novo coronavírus, retornou ao cenário da literatura brasileira em nova edição. Suas mais de mil páginas, voltadas para o embate entre as culturas originárias da região e as que lá se instalaram pela força da colonização, urbanização e devastação, centram-se no período que vai da década de 1950 até o fim da ditadura militar brasileira, quando, como bem resume a escritora Olga Savary na obra de Sena: "os valores de uma sociedade industrial tentam engolir, qual uma cobra-grande engole na narrativa um pequeno sapo, a sociedade autóctone e arcaica do caboclo desta região majestosa e vilipendiada" (Sena, 2020, p. 1.077).

Aliás, a própria Savary, também paraense, levou, para poemas e contos, animais da fauna brasileira, bem como referências culturais da Amazônia, sobretudo em seu livro *Anima animalis*, publicado em 1998, que inclui nove poemas sobre animais brasileiros, com ilustrações do artista Marcelo Frazão. O beija-flor, o bode, o cavalo, o jacaré, o lobo-guará, o peixe, o sapo, o tamanduá, o touro e o urubu compõem esse animalário conciso, com predominância de haicais, no qual foram incluídas, ainda, versões em espanhol, finlandês, francês, inglês e italiano de todos os textos. O ponto de vista animal atravessa todo o conjunto de *Anima animalis*, ora com fins metafóricos, ora para afirmar os saberes e atributos dos viventes não humanos, como é o caso do haicai intitulado "Lobo-guará":

---

[1] O autor arrola e define 123 palavras de origem indígena usadas ao longo das 1.112 páginas do romance.

> De meu alvo esperto
> de longe nem chego perto
> desconfiado e alerta. (Savary, 2008, p. 57)

Mais longo que os demais, o poema "Jacaré", além de sustentar a singularidade do animal, conferindo-lhe voz própria, ainda que seus dizeres sejam o que a poeta pressupõe que ele falaria se dominasse a linguagem verbal, insere-o no seu *habitat*, com evocações de rios da região Norte, além de outros espaços geográficos onde a espécie vive, como atesta este fragmento:

> Jacaré de rio,
> do rio Amazonas
> e seus afluentes
> ao Paracatuba
> do belo Pará,
> faço tremer o chão
> sob os vários pés.
> Rujo igual leão,
> urro como touro,
> desafio à luta
> tudo quanto é macho.
> Sobrevivo às eras
> no sul da América
> do Norte, no norte
> da América do Sul,
> e ao longo do vale
> do rio chinês Yangtzé.
> [...] (Savary, 2008, p. 43)

Hoje, em pleno século XXI, entretanto, muitos dos seres não humanos (animais e vegetais) que atravessam a ficção de Sena e a poesia de Savary encontram-se em extremo perigo, assim como os povos indígenas e as comunidades ribeirinhas, ameaçadas ou exterminadas pela violência de garimpeiros, madeireiros, fazendeiros do agronegócio, grandes corporações capitalistas e instituições governamentais. A isso se somam, ainda, a urbanização irregular de áreas naturais, o progressivo desaparecimento das pequenas comunidades rurais, o tráfico de animais silvestres, a caça ilegal, os incêndios programados e outras práticas predatórias que põem em risco a sobrevivência desses viventes. Para não mencionar o uso indiscriminado de agrotóxicos proibidos em outros países e as condições cruéis em que vivem e morrem os animais "produzidos" em granjas e fazendas industriais, em nome do agronegócio e da industrialização desenfreada de alimentos.

Não apenas na Amazônia, mas em todas as regiões do país, essas ações devastadoras se tornaram, nos últimos anos, um projeto político perverso e criminoso, do que resulta o próprio comprometimento da chamada humanidade. Esta, como afirmou Ailton Krenak em *Ideias para adiar o fim do mundo,* "vai sendo descolada de uma maneira absoluta desse organismo vivo que é a terra", o que torna necessário, mais do que nunca, que mantenhamos "nossas subjetividades, nossas visões, nossas poéticas sobre a existência" (Krenak, 2019, p. 32-3), para que o fim do mundo seja adiado.

Nesse cenário que define o nosso presente, não são poucos os autores que têm exercitado suas subjetividades e visões, voltando-se, de maneira prismática e inventiva, para tais questões em romances, contos, poemas e textos literários híbridos. São escritores que, cientes dos problemas éticos que envolvem a nossa relação com os animais e o mundo natural, assumem a tarefa de manter vivo todo um imaginário mítico e poético que foi constituído, ao longo dos tempos, dentro e em torno da natureza do Brasil, sem se furtarem aos contágios das culturas originárias do nosso continente.

Registros zooliterários

Dentre os autores em atividade no início do século XXI que têm se voltado de maneira mais explícita para o espaço zoo, destaca-se a amazonense Astrid Cabral. Autora de vinte livros em diferentes gêneros, ela estreou como escritora de ficção em 1963, publicando seu primeiro livro de poemas em 1979. Desde então, vem trazendo para a sua lírica não apenas animais, como também paisagens e cenários (internos e externos) de suas vivências no Brasil e em outros lugares do mundo, sempre com ênfase na Amazônia — seu *tópos* por excelência, com a grandeza, as minúcias e a complexidade que a constituem.

Bichos, árvores, terra, rios, pedras, referências míticas e folclóricas sobre a floresta e seus povos atravessam a obra poética da escritora, como também as hortas, os jardins e os quintais. O que se potencializa sobretudo no livro *Visgo da terra*, de 1986, adquirindo peculiaridades "zoopoéticas" mais contundentes em *Jaula*, de 2006, também publicado nos Estados Unidos em 2008.

Se, no primeiro, os poemas se centram nos visgos da terra e no entrelaçamento de seres animais e vegetais, mostrando a Amazônia como "um lugar em movimento, feito de formas e volumes" — para evocar mais uma vez palavras de Ailton Krenak[2] —, em *Jaula* ela constrói uma coleção de 51 poemas sobre bichos, alojando-os numa "jaula" de papel, a qual, paradoxalmente, nega a própria ideia de confinamento. Soltos pelas páginas, eles se apresentam aos leitores como seres providos de saberes, afetos, fúrias, dores e encantos. Ou seja, saem do círculo meramente metafórico para serem alçados ao estatuto de *sujeitos* não humanos, com singularidades e interseções com a humanidade.

Desse modo, a poeta não apenas os reconhece como alteridades singulares como também estende uma zona móvel de contato com eles, evocando-os, como disse o estudioso

---
[2] Em depoimento a José Eduardo Gonçalves e Maurício Meirelles, 2020, p. 31.

estadunidense Randy Malamud em *Poetic Animals and Animal Souls* [Animais poéticos e almas animais], "sem colonizá-los e sem aprisioná-los nos métodos e limites de nosso próprio sistema de conhecimento" (Malamud, 2003, p. 58). Isso porque, segundo ele, os poetas singulares são os que conseguem se furtar à frequente conversão dos animais em meros reflexos da condição humana, a serviço de elocubrações intelectuais.

Entre os bichos que ocupam, em Astrid Cabral, uma jaula que desmonta sua própria condição de jaula, encontram-se não apenas os que integram o que Borges chamou de "jardim zoológico da realidade", como também os que atravessam o imaginário social e pessoal da autora. Dos "bois que não são bois", mas são nomeados bois, a cavalos-marinhos, búfalos, calangos, saúvas, traças, diversos peixes, aves e répteis, a fauna do livro evoca passados, traz à tona imagens vívidas de seres em diferentes situações e contextos, incluindo aqueles que jazem em açougues ("O animal de há pouco é músculo/ costela pá bucho ossobuco"), restam como fatias (como as capivaras que "vítimas da fome dos homens/ entre cebolas se rendem") ou são servidos como iguarias regionais, vide o irônico poema "Tartarugada", no qual a tartaruga, despedaçada, passa sua "estranha noite/ do velório de vinha d'alhos/ no alguidar de barro esmaltado".

Se, em decorrência da intervenção humana, vários desses bichos de Astrid não ocupam mais o território a que sempre pertenceram e, com isso, já não se inserem no repertório da natureza, esta, por sua vez, como escreveu Gabriel Giorgi em *Formas comuns*, "se esvazia dos conteúdos e das intensidades que a haviam definido", visto que a natureza tem sido tomada "pelos signos da economia e da tecnologia" (Giorgi, 2016, p. 81-2). Nesse sentido, os animais restam como "fora de tempo e sem lugar" e passam a existir (ou sobreviver) nos espaços da criação poética e ficcional, ou seja, nessas "jaulas" imaginárias onde eles transitam em liberdade, reinscrevendo-se como "potência e indisciplina que se interiorizam e se difundem do interior dos corpos, dos territórios e das sociedades" (Giorgi, 2016, p. 82).

No poema de Astrid Cabral "Boto no corpo", um dos que compõem o livro *Jaula*, essa interiorização se dá a ver na interseção entre o animal amazônico, o rio e o corpo (que se pressupõe ser o de quem enuncia as palavras):

> Corre no chão do corpo um rio escuro
> de turvas águas e desejos fundos
> linfa ancestral entre pelos e apelos.
> Nela, um boto prestes ao bote habita
> e investe para que outros rios se gerem
> e a vida não se aborte e eterna jorre. (Cabral, 2017, p. 57)

Outras vias de interseção entre seres humanos e não humanos (aqui, incluídos os não animais) são percorridas pela autora no livro, fazendo emergir uma multiplicidade de viventes que não se deixa homogeneizar nos poemas. Isso se mostra, por exemplo, nos versos de "Igarapé de saúvas", "Anfíbia", "Penas" e "Lagartixa". Ademais, são vários os poemas em que Astrid, por um processo de identificação com os animais não humanos, exercita a própria animalidade, trazendo à tona o que Michel Foucault chamou de "o abafado perigo de uma animalidade em vigília", como em "Onça sem pelo", em que mulher e onça se misturam diante do espelho, a exemplo destes versos:

> Amoitada em mim
> Não lhe vejo a cara.
> Só vislumbro no espelho
> O rastro das patas. (Cabral, 2017, p. 32)

Trata-se de uma onça que "se enjaula na caixa/ dos ossos" do corpo da mulher, num processo de incorporação que incide também em outros poemas do livro, como os centrados na serpente e no polvo. Ao habitar o corpo do animal não humano e se deixar habitar por ele, Astrid assume os sentimentos, desejos, vibrações e pensamentos desses outros não humanos, convocando todas as formas de vida à coexistência. Com esse movimento, que se aloja na ordem dos sentidos (ou das sensações), ela desestabiliza nossa racionalidade e nos possibilita divisar nossa própria animalidade.

Escritas híbridas

A coexistência entre várias formas de vida se inscreve também na obra do escritor e artista visual mato-grossense Sérgio Medeiros, autor de dezenas livros que vão da poesia ao ensaio, da narrativa ao teatro, mas não se deixam classificar facilmente em gêneros bem definidos. Em quase todos, as relações interespécies se fazem presentes, articuladas a uma complexa rede de referências literárias, musicais, plásticas e etnográficas, por meio de uma linguagem de viés experimental, que leva a escrita a desafiar os limites das modalidades textuais e se abrir a configurações inesperadas.

Se com Astrid Cabral ele compartilha o apreço por todas as formas de vida e o traspassamento das fronteiras entre humano e não humano, com Nicodemos Sena e Olga Savary ele se afina quanto às referências culturais ameríndias. Contudo, distancia-se de ambos no jeito como lida com as possibilidades da linguagem e as estratégias de composição de sua escrita. Ou seja, entre afinidades e dissonâncias com esses e outros autores que poderiam entrar no repertório de poéticas voltadas para os limites/liames entre mundos humanos e não humanos — como o também mato-grossense Manoel de Barros, um de seus poetas de admiração —, Medeiros constrói uma obra prolífica e de difícil classificação, que o leva para uma espécie de não lugar da literatura brasileira contemporânea.

Estudioso das cosmogonias ameríndias, traduziu, em parceria com Gordon Brotherston, o longo poema maia-quiché *Popol Vuh* — considerado uma espécie de "Bíblia das

Américas". Além do quê, organizou a coletânea de contos indígenas *Makunaíma e Jurupari*, levando para seus escritos toda essa experiência literário-antropológica, entrelaçada a intertextos joycianos, elementos da literatura nonsense, traços de Samuel Beckett e de John Cage. Tudo isso acrescido de outras referências, como a poesia zen japonesa e diferentes vertentes das vanguardas.

Um de seus livros exemplares nesse campo é *Totens*, de 2012, que apresenta uma configuração física indeterminada, por mesclar prosa e verso e se estruturar de maneira fragmentada, à feição de uma partitura. Como o título sugere, a base dos textos é a imagem do totem, em que inexiste a separação entre o humano, o divino, o animal e o vegetal. Os limites entre o humano e o não humano são, aliás, embaralhados o tempo todo ao longo do livro, provocando estranheza aos que tendem a separar esses mundos em nome da razão. É uma poesia que incorpora ruídos, onomatopeias e silêncios, extraídos da selva e de todos os lugares em que transita, além de se construir por meio de cruzamentos, enxertos e justaposições de diferentes gêneros, línguas, geografias, culturas, linguagens, referências e reinos (ou elementos) da natureza.

O livro é dividido em duas partes ao mesmo tempo interligadas e independentes. Na primeira, intitulada "Enrique Flor", o leitor encontra um insólito personagem, apresentado como um português de olhos verdes e versado em música vegetal (ele toca um "fogoso órgão selvagem") que possui ascendência irlandesa. Daí ser chamado, por vezes, de Henry Flower — nome que se metamorfoseia em Henrique Flores, sua versão brasileira.[3] Um artifício, aliás, que lembra o que Joyce usou em *Finnegans Wake*, ao alterar sucessivas vezes os nomes de seus protagonistas.

Ainda dentro dessa lógica, também encontramos em *Totens* a personagem Mrs. Arabella Blackwood, que "admira um cacto seco e se indaga se aquilo não seria um caimão

---

[3] Esse persongem reaparece, reinventado, no livro *Trio pagão*, de 2018.

empalhado cinza escuro inclinado no ar ou talvez um galho queimado ou ainda um osso antigo desenterrado repentinamente" (Medeiros, 2012, p. 55). Formigas, pedras, baratas, lagartos, urubus, pinheiros, bromélias, besouros, arbustos, bambus, gambás, sapos e gatos, entre outros seres e elementos da natureza, compõem a paisagem híbrida do conjunto que se fragmenta a cada página.

Percebe-se que, nessa heterogeneidade, como diria Donna Haraway,

> [...] as criaturas da Terra — espécies e outros tipos, bem como os seres que não se classificam inteiramente em tipos — não são as "mesmas". Nem se relacionam através de uma forma de árvore desprovida de descendência. Elas estão enredadas em intra-ações ecológico-evolucionário-desenvolvimentistas de muitas formas, temporalidades e tipos (inclusive árvores). (Haraway, 2011, p. 407)

Isso nos leva a concluir que não há, na constelação de criaturas arroladas por Medeiros nessa seção, nada que seja previsível.

Já na segunda parte do livro, "Os eletoesqus", vê-se outro conjunto de textos heterogêneos, com predominância de poemas, em que aparecem diferentes espécimes dos eletoesqus, figuras lendárias, oriundas, segundo o próprio autor, da fronteira do Brasil com o Paraguai. São seres esquisitos, que se espalham pelas páginas em variadas formas. Se, num dos poemas, "os eletoesqus encardidos se acercam da costa" e "anseiam lavar-se no mar" (Medeiros, 2012, p. 119), em outros, dirigem carros com a mão "fora da janela apontando para baixo o cigarro", entram num shopping center e "falam calmamente ao celular". Eles convivem com vira-latas dourados, gaivotas esganiçadas ou de pescoço encolhido, enxames de moscas, "uma garça que se coça sôfrega", formigas diminutas, golfinhos e elefantes albinos, entre outras criaturas. Surge ainda, nas últimas páginas do livro, travestido na instável e informe figura do "BAFO", descrito como um "vilão tropical" que "espreita por detrás dos troncos finos:/ e cresce como capim, avançando" (Medeiros, 2012, p. 176).

Com pontuou Malcolm McNee, professor estadunidense de estudos portugueses e brasileiros, a propósito dos procedimentos animistas que incidem nessa parte do livro e em outras obras do autor, Medeiros, ao articular aos seus estudos etnográficos um engajamento radicalmente inventivo, "dá lastro ao animismo ludicamente caótico e aos quadros multiespécies de sua poesia e ficção" (McNee, 2017, p. 25).

Tal animismo multiespecífico apontado por McNee pressupõe, inegavelmente, não apenas um processo de subjetivação de elementos da natureza, mas também um reconhecimento das alteridades não humanas como "pessoas", como sujeitos que possuem seu próprio olhar sobre o mundo e a existência, como foi problematizado por Eduardo Viveiros de Castro em seus estudos sobre as culturas ameríndias.

Vale mencionar que esses recursos, usados com profusão pelo escritor mato-grossense, articulados às formas textuais híbridas e a toda uma pesquisa sobre as culturas ameríndias, não deixam de sugerir, até certo ponto, uma aproximação com o trabalho da poeta e tradutora paranaense Josely Vianna Baptista, que também traduziu o poema *Popol Vuh*, publicado no Brasil em 2018, tendo, ainda, articulado poesia e artes visuais, embora numa linha distinta do trabalho do autor de *Totens*.

O livro *Roça barroca*, de 2011, é o mais exemplar nesse caso. Nele, além de traduções (acompanhadas dos originais) de três cantos sagrados que narram poeticamente o mito da criação do mundo da tribo Mbyá-Guarani, a poeta inclui uma coleção de trinta poemas de sua autoria, feitos a partir de pesquisas linguísticas e poéticas no campo das culturas indígenas.

Como o Mbyá — o dialeto guarani traduzido — tem forte caráter rítmico-imagético e se estrutura "por um sistema de justaposição e síntese" (Baptista, 2011, p. 10), Josely pôde dele extrair palavras-montagem, ritmos icônicos, metáforas e onomatopeias, reinventando esses elementos de forma a inserir no português um pouco do que chamou de "sussurro ancestral" da língua guarani. Disso resultaram textos constelares, de alta potência imagética e viés experimental, que guardam afinidades com a poesia ideogramática oriental e as poéticas neobarrocas latino-americanas.

Já nos poemas autorais da seção "Moradas nômades", que funciona como outro livro dentro do livro, Josely incorpora elementos mitopoéticos dos cantos sagrados traduzidos, criando uma constelação verbal atravessada de sinestesias, jogos sonoros e uma visualidade de extração barroco-experimental. Nesse sentido, vê-se uma contaminação recíproca entre escrita poética e tradutória, "numa prática relacional em que os valores de *origem* e *originalidade* cedem lugar ao recomeço e à repetição como motores de deslocamentos e hibridismos vários", como apontou Celia Pedrosa no artigo "Josely Vianna Baptista: uma poética xamânica da tradução e da tradição", de 2018.

À diferença dos escritos híbridos de Medeiros, os animais não humanos não aparecem em abundância na poética de Josely, o que descartaria o uso do prefixo "zoo" para qualificá-la. Ainda assim, eles estão presentes na "roça" barroca da autora, associados a outros elementos da natureza, como nestes versos do poema "Pablo Vera":

> (nas cãs a coifa
> de algodão e fibras
> de caraguatá,
> perfurada por retrizes
> topázio de japu,
> penas sanguíneas
> de peito de pavó
> e o rajado da gorja
> de um tucano
> -de-bico-preto,
> alaranjado)

Se, ao conferir o título *Roça barroca* ao livro, a poeta alude ao cultivo nômade da terra, ou melhor, aos indígenas que fazem a sua roça num determinado local e, tempos depois, seguem viagem, ela também transforma essa roça numa imagem em movimento que incide na própria construção dos poemas "nômades" que encerram o volume.

Pode-se dizer que nada está consumado no livro, tampouco a geografia. O movimento nômade é o que o define, assim como define o próprio tempo da roça que se inscreve (e se movimenta) pelas páginas. Daí as palavras do ensaísta e poeta Dennis Radünz em *Roça barroca: mundos torrentes*, um estudo volumoso sobre a obra:

> Desterritorializada, a "geografia mental" de *Roça barroca* abole a cartografia de uma América consumada, porque ultrapassa o aparente dilema europeu *versus* ameríndio e desterritorializa uma roça *à maneira* barroca numa "terra por vir" e já presente, a terra da *mbaety* ou da *kokue* ("roça", em língua guarani). (Radünz, 2021, p. 29)

Esse hibridismo radical que incide na poesia de Josely e na de Medeiros poderia ser chamado, com a devida licença poético-conceitual, de "transgênico". Isso se considerarmos que "transgênico", segundo os dicionários, designa o animal ou o vegetal híbrido que contém material genético tirado de outras espécies e, uma vez transposto para o campo literário, poderia denominar um tipo de texto poético formado por mesclas, enxertos, cruzamentos oblíquos, justaposições de diferentes gêneros, linguagens, imagens, referências e reinos (ou elementos) da natureza.

Trata-se, inclusive, de um conceito passível de ser usado para tratar de outros escritores brasileiros contemporâneos que exercitam essa escrita transgênica de maneiras distintas, como é o caso do baiano Evando Nascimento, em especial na coletânea de contos *A desordem das inscrições* (2019), na qual constrói sujeitos híbridos que ultrapassam não apenas as demarcações das espécies animais, mas também as de gêneros sexuais. O "quem" que narra as histórias do livro é variável: humano, não humano, masculino, feminino, neutro ou tudo ao mesmo tempo, mostrando-se ora como um "eu" ou um "nós", ora como uma voz impessoal. São sujeitos fluidos, em estado de mobilidade e, por vezes, de metamorfose.

Se essa "escrita transgênica" permite-nos transpor um conceito oriundo das ciências biológicas para o plano literário é porque a própria palavra *gênero* se apresenta como um compósito de sentidos, com usos conceituais que se modificam de acordo com o campo disciplinar em que é usado. Como explicou o pesquisador, professor e crítico de arte Arlindo Machado, trata-se de um vocábulo que deriva do latim *genus/generis* (família, espécie), mas "não se vincula etimologicamente, malgrado a aparente homofonia, com as palavras gene e genética (do grego génesis: geração, criação)". Porém, como ele acrescenta, "há uma inequívoca relação entre o que faz o gênero no meio semiótico (ou seja, no interior de uma linguagem) e o que faz o gene no meio biológico" (Machado Neto, 1999, p. 5). Neste último caso, de acordo com a taxonomia criada pelo naturalista Lineu no século XVIII, designando uma categoria intermediária entre a família e a espécie.

Soma-se a esses sentidos, como se vê no trabalho de Nascimento, o *gênero* também enquanto *gender* — uma subclasse dentro de uma classe gramatical (nome, pronome, adjetivo, verbo) que tem sido usada no campo dos estudos culturais contemporâneos para designar as diferenças de ordem comportamental, psíquica e cultural associadas ao sexo (masculino/feminino/híbrido/neutro etc.).

Mesmo que o hibridismo das espécies (animais e vegetais) se dê a ver em variados matizes e intensidades nas escritas desses escritores, as misturas textuais se apresentam de forma vigorosa nos três. Já no plano das interseções linguísticas, geográficas e culturais, Medeiros e Josely as radicalizam, dado o caráter explicitamente transcultural, transgeográfico e translinguístico de suas escritas. E, sob esse prisma, vale fazer uma rápida menção ao trabalho de outro autor que se dedicou intensamente a essa dimensão transcultural: Wilson Bueno, morto precocemente em 2010, que deixou uma obra bastante singular no terreno das hibridações. Principalmente no livro *Jardim zoológico*, de 1999, ele descreveu animais que, como os próprios textos, apresentam um caráter fronteiriço, com forte caráter transnacional, por estarem atravessados por elementos zoológicos e mitológicos, lendas indígenas, referências literárias e diferentes espaços linguístico-geográficos.

Não deixa de ser curioso que, enquanto a poeta Astrid Cabral se valeu da imagem da jaula como título de seu livro, Bueno usou a do jardim zoológico para o seu. Ou seja, um espaço de confinamento institucionalizado. No entanto, ao contrário do jardim zoológico convencional, cujo princípio organizador é a classificação em gêneros, famílias, espécies e subespécies, o procedimento de ordenação dos seres imaginários do escritor é o da montagem,[4] na qual predomina a justaposição de fragmentos de distintos bichos literários, potencializada pelas camadas também justapostas de referências geográficas e culturais, como nos textos de Sérgio Medeiros e Josely Baptista Vianna.

Vale reiterar, a título de desfecho para esta incursão nessas poéticas da natureza que tratam das relações entre mundos humanos e não humanos, culturas e línguas perdidas e reinventadas, que a literatura brasileira tem sido um terreno fértil não apenas para os estudos ecocríticos contemporâneos, mas também para aqueles com um foco mais restrito no aspecto "zoológico" da literatura. Possibilitando uma compreensão dos animais e das relações interespécies através das lentes da invenção e das potencialidades sensoriais da linguagem, ela tem nos permitido pensar/escrever

---
4 Sobre essa questão, ver Susana Scramin, 2007, p. 127-41.

criativamente as alteridades radicais e os diversos modos alternativos de existência.[5]

E aqui retorno ao glossário de Nicodemos Sena — que mantém viva, pela escrita descritiva, a memória dos viventes de uma Amazônia devastada — para aprender que cuxiú é "um primata preto, barba alongada por baixo do queixo, garganta e peito pilosos"; oitibó, também conhecido como bacurau, é "um pássaro noturno"; rosilho, um "búfalo de pelame mais claro, mais arredio do que o búfalo preto", e o tambaqui, um "peixe muito comum na Amazônia".

---

5 Em outros autores contemporâneos em atividade no Brasil que lidam com os animais e a natureza, alguns com incursões também nas culturas originárias, podemos citar Vicente Franz Cecim, Leonardo Fróes, Regina Rheda, Nuno Ramos, José Luiz Passos, Micheliny Verunschk, Gustavo Pacheco, Ana Estaregui, Pedro Cesarino, André Gardel, Aparecida Vilaça e Francisco Vilaça Gaspar. Recentemente, vozes indígenas também têm emergido com força nesse cenário zooliterário do presente, com várias publicações em livros e revistas. Elas serão estudadas numa próxima fase de minha pesquisa.

Epílogo. Diálogo animal

Entrevista sobre animais e literatura concedida em 2020 a Paola Poma, professora de Literatura Portuguesa na Universidade de São Paulo (USP), e incluída no n. 6 da *Revista Dobra: Literatura, Artes, Design*, publicação luso-brasileira.

Paola Poma: *Começo a nossa conversa partindo de um problema bem atual: covid-19. Há pouco tempo, José Nun — advogado, escritor, ensaísta e ex-ministro da Cultura da Argentina (2004-2009) — deu uma entrevista ao* Jornal da USP *dizendo que um dos motivos do surgimento desse vírus (e do provável surgimento de outros) se vincula ao "altíssimo desenvolvimento da criação industrial, em grande escala, de animais domésticos como frangos e porcos, destinados a satisfazer à demanda crescente de uma população mundial que, tempos atrás, se tornou majoritariamente urbana. O resultado é que eles ficam amontoados e se lhes aplicam pesticidas, antivirais e, mais ainda, antibióticos que aceleram a sua engorda (a maioria dos antibióticos que se produzem atualmente no mundo se dedica a esse fim). A consequência é que se debilita ao extremo o sistema imunológico desses animais, convertendo-os em criadouros de muitos dos vírus e bactérias que, depois, chegam a nós". Diante desse fato coloco duas questões: essa técnica de engorda não é a explicitação de um abuso do poder humano revelador da sua violenta irracionalidade? E o que pensar dos governos, em especial o brasileiro, que não têm nenhuma preocupação com o meio ambiente e com a biodiversidade?*

Maria Esther Maciel: A disseminação da covid-19 tem, sim, uma intrínseca relação com as formas como a humanidade tem lidado com os animais. A realidade cruel das granjas e fazendas industriais, a devastação das florestas, o tráfico e a comercialização de animais silvestres, o deslocamento de diferentes espécies para espaços incompatíveis com sua sobrevivência, tudo isso está na origem desse e outros vírus. Como também observou a primatologista Jane Goodall em recentes declarações sobre o tema, o problema é tanto o desrespeito ao meio-ambiente — o que leva animais a conviverem forçadamente com outras espécies com as quais não interagiam e a viverem em espaços que não são os seus — quanto a violência ostensiva contra os viventes não humanos. Estes são caçados, dizimados, aprisionados, traficados, comidos, submetidos a maus-tratos extremos. O mercado de animais silvestres de Wuhan, onde o novo coronavírus surgiu, evidencia isso incisivamente. Muitas doenças provocadas por vírus e bactérias foram fermentadas em espaços como esse, em diferentes partes do mundo.

Se isso mostra uma falta de responsabilidade ética e um profundo descaso da espécie humana pelas demais, indica também práticas políticas destrutivas, como as que pautam — de forma abjeta — o governo bolsonarista, com sua ignorância arrogante e sua truculência generalizada. Estamos correndo o risco de ver a Amazônia reduzida a deserto; o Pantanal arde em chamas, inúmeras espécies animais e vegetais têm sido dizimadas pelo fogo. Triste demais. Para não mencionar, também, o uso indiscriminado de agrotóxicos, o extermínio das pequenas comunidades rurais e dos povos indígenas. Tudo isso, com o aval de um poder político perverso e criminoso.

P.P.: *No seu artigo "Poéticas do animal" você afirma, a partir de Derrida, "que há duas grandes 'situações de saber' sobre os animais: a que reduz o animal a uma coisa, 'uma coisa vista, mas que não vê', e a que se sustenta na troca de olhares com ele. A primeira, assentada na cisão abissal entre humanidade e animalidade, justificada pela ideia de logos. A segunda, tomada como uma recusa do conhecimento exclusivamente racional, adviria do desejo de apreender o outro pelos sentidos e pelo coração". A primeira situação parece justificar a criação dos matadouros, dos zoológicos, enfim, de todos os mecanismos de opressão do animal e a sua coisificação, a segunda abriria a possibilidade para a confirmação da sua subjetividade. Há aqui uma separação entre razão (humanidade) e emoção (animalidade)? Sendo o homem também um animal, como fica a sua situação já que ele vê e se sabe visto?*

M.E.M.: Razão e emoção concernem, a meu ver, tanto a humanos quanto a não humanos. São faculdades que se moldam de formas diferentes, e em variados matizes, de acordo com a espécie e a singularidade de quem as exercita. A concepção antropocêntrica de racionalidade, predominante na história do pensamento ocidental, estabeleceu essa dicotomia a que você se refere. E as consequências dela advindas foram muitas: a hierarquização dos viventes, a coisificação dos seres considerados desprovidos de razão, o controle da vida/morte dos que não se inserem nos espaços demarcados de humano e humanidade. Isso propiciou, sem dúvida, o surgimento dos espaços de confinamento animal com vistas ao consumo, à exploração no trabalho, a experimentos em laboratórios e atividades de entretenimento, entre outras.

Quando Derrida menciona as duas "situações de saber" sobre os animais a partir do jogo ver/ser visto, ele põe em questão essa postura antropocêntrica que, em nome da razão, sempre legitimou essas práticas e recusou aos não humanos a condição de sujeitos capazes de ter um olhar, um ponto de vista. Ao adotar a segunda situação de saber — a que advém da troca de olhares com um animal —, ele coloca em xeque as falsas oposições que separam a espécie humana das demais espécies e descontrói os chamados "próprios do homem", deixando clara sua afinidade com outra linhagem filosófica que remonta a pensadores como Plutarco, Porfírio e Michel de Montaigne.

O ser humano, ao ver um animal e ser visto por ele, pode também reconhecer a sua própria animalidade. E, ao se ver como animal, pode ver o outro não humano como um sujeito. Algo com que outros pensadores contemporâneos têm lidado de diversas formas. No Brasil, temos Eduardo Viveiros de Castro, que reinventa essas reflexões à luz do perspectivismo ameríndio.

P.P.: *Me parece que Derrida (O animal que logo sou) e Montaigne ("Apologia de Raymond Sebond") são norteadores do teu pensamento. Você cita, algumas vezes, o espanto de Derrida ao se perceber sendo olhado pelo seu gato. Espanto diante da presença do outro (insuspeitado), melhor, da subjetividade do gato que examina o seu dono, revelando que, por detrás daqueles olhos, há qualquer coisa de inapreensível do ponto de vista racional, mas que revela curiosidade, afeto, interesse, enfim algum tipo de comunicação diminuindo a distância entre eles. A partir disso, queria que comentasse o poema "Gato num apartamento vazio", da polonesa Wislawa Szymborska:*

> Morrer — isso não se faz a um gato.
> Pois o que há de fazer um gato
> num apartamento vazio.
> Trepar pelas paredes.

Esfregar-se nos móveis.
Nada aqui parece mudado
e no entanto algo mudou.

Nada parece mexido
e no entanto está diferente.
E à noite a lâmpada já não se acende.

Ouvem-se passos na escada
mas não são aqueles.
A mão que põe o peixe no pratinho
também já não é a mesma.

Algo aqui não começa
na hora costumeira.
Algo não acontece
como deve.
Alguém esteve aqui e esteve,
e de repente desapareceu
e teima em não aparecer.

Cada armário foi vasculhado.
As prateleiras percorridas.
Explorações sob o tapete nada mostraram.
Até uma regra foi quebrada
e os papéis remexidos.
Que mais se pode fazer.
Dormir e esperar.

Espera só ele voltar,
espera ele aparecer.
Vai aprender
que isso não se faz a um gato.
Para junto dele
como quem não quer nada
devagarinho

sobre as patas muito ofendidas.
E nada de pular miar no princípio.[1]

M.E.M.: Sim, esses dois filósofos foram minhas principais referências quando iniciei meus trânsitos no campo dos estudos animais e ainda têm atravessado algumas de minhas reflexões, em interseção com outros pensadores contemporâneos, como Elisabeth de Fontenay, Donna Haraway, Dominique Lestel, Eduardo Viveiros de Castro, Matthew Calarco, Marjorie Garber e Cary Wolfe, entre outros. Pode-se dizer que Montaigne foi um pós-humanista por antecipação. Seu ensaio "Apologia de Raimond Sebond" adiantou, em pleno século XVI, muito das discussões contemporâneas sobre o antropocentrismo, as faculdades/habilidades de diferentes espécies animais e as controversas relações entre humanos e não humanos. Nesse sentido, as ideias nele disseminadas prefiguraram várias linhas de força dos atuais estudos de etologia e biopolítica. Derrida reconheceu a importância desse ensaio em *L'animal que donc je suis* e certamente recebeu seus influxos para a preparação desse livro/palestra.

Um dado curioso é que ele e Montaigne partem de suas experiências pessoais com felinos de estimação para ousadas considerações sobre nossos vínculos com os animais. Montaigne ironiza a prepotência dos homens em explicar e (des)qualificar, como bem entendem, os animais, indagando como aqueles se arrogam a conhecer, "por obra da inteligência, os movimentos internos e secretos" desses. E afirma: "Quando brinco com a minha gata quem sabe se ela não se distrai comigo mais do que eu com ela?". Já Derrida conta sobre sua experiência de ser observado, nu e em silêncio, pelo seu gato e reconhece: "Ele tem um ponto de vista sobre mim". Começa, então, a

---
1 Wislawa Szymborska, *Poemas*, 2011, p. 94-5.

especular sobre o que o gato vê e o que se passa por trás desse olhar. Ou seja, os dois felinos são tomados como seres que têm uma subjetividade inextricável, que não podemos compreender racionalmente. É aí que entra a imaginação poético-ficcional. Cabe a nós, humanos, tentar elucubrar o que se passa no interior de um animal, já que nossa razão é insuficiente para isso. Poetas e escritores dão-se essa tarefa imaginativa para entrar na subjetividade não humana.

No caso do poema "Gato num apartamento vazio", de Szymborska, isso se dá a ver por vias oblíquas. Embora a voz enunciativa não seja do felino, ela traz à tona um *sujeito* gato com sua vivência de perda, buscando sondar os sentimentos e as sensações desse animal diante de sua própria realidade num apartamento vazio, após a morte do dono. A poeta se coloca no lugar dele para falar sobre essa situação. A sensação de estranhamento dentro de um espaço que já não é mais o de antes, o não saber sobre um novo momento que se inicia com a ausência de quem morreu, "as patas ofendidas" desse gato que dorme e espera o homem que não vem mais, tudo isso revela uma travessia da fronteira que separa o humano do não humano. Um belíssimo poema, que confere ao animal uma relevância enquanto um indivíduo em confronto com seu próprio desamparo.

P.P.: *Será que se trata de imaginar o que sente um gato na ausência (morte) do dono ou a poeta quis afirmar, através da convivência afetiva entre eles, que "os próprios do homem" são muito semelhantes aos "próprios dos gatos"? Se, como afirma Dominique Lestel, "todo animal é um sujeito (na medida em que cada animal é um intérprete de sentidos)", então o sentimento de abandono experienciado pelo gato justifica o fato de ele não receber seu dono nem com miados, nem com pulos. Como as* *crianças que fazem birra quando seus pais retornam à casa depois de um longo dia de trabalho.*

M.E.M.: Inevitável que a poeta — ao sondar pelos sentidos, pela empatia e pelos afetos o que um gato (ou qualquer outro bicho) sente, pensa ou espera — "traduza" poeticamente essa sondagem por meio de recursos humanos e imprima nesse sujeito algo de si mesma. Daí que a subjetividade resultante desse processo seja sempre híbrida. Lestel a qualificou de "heterônoma", por advir de uma mistura, de um contágio propiciado pela convivência estreita entre dois seres de espécies diferentes e pelo esforço criativo de um deles para expressar essa relação. Gatos e humanos têm diferentes olhares sobre o mundo, mas nós não sabemos de fato o que se passa na intimidade desses outros e tentamos intuir/imaginar isso à nossa maneira e expressar em palavras o resultado desse empenho. Se o gato do poema, indignado com o sumiço (morte) de seu dono, decide não o receber mais com pulos e miados (caso ele volte), isso acontece porque a poeta assim conjetura de acordo com o que acredita se passar na cabeça do felino abandonado. Há, aí, uma mistura de "próprios" humanos e não humanos, o que justifica o caráter híbrido do sujeito poético.

P.P.: *Ainda em diálogo com a tua leitura de Derrida, a explicação para o neologismo da palavra* animot — *"como forma de fazer ouvir, no singular da palavra animal, o plural 'animais' e mostrar como a linguagem afeta o nosso acesso à complexidade do mundo não humano" — me levou a pensar na etimologia da palavra animal, e duas acepções me pareceram bastante instigantes:* "être organisé, doué de certaines facultes" *do final do século XII e* "animal, animalis 'être vivant', formé sur anima 'souffle de la vie, principe vital'" *(a.c). Não poderíamos pensar na palavra* animot *como um jogo entre o radical anim + ot, cuja*

sílaba final da nova palavra construída alude à palavra mot
que, curiosamente, significa "palavra" em francês, ou até mesmo o uso intencional da palavra mot, *simbolizando a palavra carregada de vida, ou seja, o neologismo afirmando não só a possibilidade de dizer a pluralidade (*animaux*) mas, em especial, a força da escrita poética de dizer o indizível?*

M.E.M.: Esse viés de interpretação que você aponta, à luz da etimologia, é muito instigante e indica um profícuo caminho a ser percorrido dentro das possibilidades de sentido que essa palavra *animot* deflagra. Trata-se de um neologismo capaz de provocar várias reflexões, e gosto muito da maneira como Derrida, em *L'animal que donc je suis*, o introduz em sua exposição. Ele começa por apresentar suas ideias sobre o tópico, articulando estrategicamente os termos "animal", animais" e "palavra", de forma a prefigurar o neologismo que surgirá mais adiante: *"Voilà mes hypothèses en vue de thèses sur l'animal, sur les animaux, sur le mot d'animal ou d'animaux. Oui, l'animal, quel mot!"*.

A exclamação já sugere que a palavra "animal" não passa de um artefato humano para "enjaular", num substantivo singular (e homogêneo), a pluralidade dos viventes existentes, entre os quais o homem não se inclui. E basta consultarmos os dicionários para encontrarmos os significados legitimados da palavra: 1. [Biologia] Ser vivo multicelular, com capacidade de locomoção e de resposta a estímulos, que se nutre de outros seres vivos. 2. Ser vivo irracional, por oposição ao homem. 3. [Depreciativo] Pessoa bruta, estúpida ou grosseira.

Ou seja, são significados que marcam não apenas a cisão entre homem e animal, como também excluem o humano dos domínios da animalidade e desqualificam o não humano.

O que Derrida faz, ao compor a palavra *animot*, é deslocar o termo animal dos limites da biologia e da lexicologia para o campo polissêmico da poesia. Assim, cria um neologismo que se dá a ver, através de sua composição híbrida, como uma "irredutível multiplicidade vivente de mortais" (*animaux*). Considerando-o menos uma palavra-valise que um híbrido, Derrida chega a associá-lo à "quimera", que pode ser tomada tanto como uma combinação de elementos diversos (o que remete à figura mitológica), quanto um produto da fantasia. Nesse sentido, o *animot* entra no terreno da invenção poética. Há, ainda, a presença de *anima* (princípio vital) dentro do vocábulo, o que evoca — como você bem apontou — "a força da escrita poética de dizer o indizível".

Enfim, talvez pudéssemos dizer que o animal foi convertido, pelo pensamento humano, em um *mote*.

Vale acrescentar que, nas considerações derridianas sobre o conceito humano de animal, também está presente uma dimensão biopolítica, que será retomada, de modo prismático, nos seminários de *La bête et le souverain*. A partir dos sentidos pejorativos do conceito (ser bestial, bruto, estúpido etc.), Derrida empreende, inclusive, uma discussão sobre as noções de besta, bestialidade e besteira — todas, segundo ele, concernentes aos humanos.

P.P.: *No seu livro* O animal escrito *você escolhe como epígrafe o poema "História natural", de Carlos Drummond de Andrade — "Cobras-cegas são notívagas./ O orangotango é profundamente solitário./ Macacos também preferem o isolamento./ Certas árvores só frutificam de 25 em 25 anos./ Andorinhas copulam no voo./ O mundo não é o que pensamos." —, que reaparece na mesma função no livro* Literatura e animalidade. *Imagino que essa repetição não seja aleatória. Por que a escolha desse poema?*

M.E.M.: Esse poema tem me acompanhado desde o início de minhas pesquisas. Talvez ele tenha me despertado para a complexidade e a riqueza do mundo natural de um jeito diferente do que os livros científicos mostram e do que o nosso pensamento cristalizou. Os não humanos, aí, são seres com surpreendentes peculiaridades biológicas, psíquicas e culturais, sem que sejam propriamente antropomorfizados. Quando li, por exemplo, o livro *A grande orquestra da natureza*, de Bernie Krause, esse poema continuou ecoando nas páginas em que o músico e naturalista registra e descreve as paisagens sonoras selvagens do mundo vivo. Aliás, esse é um dos livros mais impactantes no campo das potencialidades/habilidades naturais e sonoras dos seres não humanos, bem como da incrível música ancestral da natureza. Outro livro que me trouxe de novo o poema drummondiano (e outros dele) foi o conciso *The Cows* [As vacas], de Lydia Davis, em que ela descreve, em pequenos blocos textuais, o cotidiano das vacas, sob vários aspectos. Registra os movimentos, os hábitos, as escolhas, as inquietações, as emoções, os impasses, os caprichos e trejeitos, as experiências da maternidade, as brincadeiras que elas fazem individualmente, em pares ou em grupo. A escritora mostra que as vacas compõem uma pequena comunidade, com seus afetos e outras atividades que não imaginamos do lado de cá da fronteira. De fato, como disse Drummond, o mundo não é o que pensamos. Ainda bem que a poesia existe para revelar isso.

P.P.: *Os bichos considerados "híbridos, fronteiriços e transnacionais" se encaixam na categoria animal escrito, ou seja, a pluralidade ou a metamorfose só pode se dar na literatura — como ilumina Arreola:* "La cebra toma en serio su vistosa apariencia, y al saberse rayada se entigrece"[2] *— ao passo que*

---

2 "A zebra leva a sério sua vistosa aparência, e, ao saber que é listrada, escurece" (Juan José Arreola, *Narrativa completa*, 1997, p. 95).

a singularidade do ornitorrinco se constrói a partir de uma diferença real, "já que parece ter três naturezas: a do peixe, a do pássaro e a do quadrúpede". Não seria ele uma representação simbólica (talvez ideológica) ideal dos tempos atuais em que as diferenças (pluralidades) deveriam ser lidas (aceitas?) como unidade? Parodiando Guimarães, olhar "os animais é aprendizado para a humanidade"?

M.E.M.: Autores latino-americanos como José Arreola, José Emilio Pacheco, Augusto Monterroso e Wilson Bueno dedicaram-se, seguindo a trilha borgiana dos seres imaginários, a compor coleções de animais (fantásticos e reais) sob uma perspectiva mais crítica em relação às controversas relações entre humanos e outros viventes, bem como com preocupações de ordem ética, política, cultural e ecológica. Numa remissão às enciclopédias antigas sobre o mundo natural, aos bestiários medievais, às mitologias indígenas e transculturais, alguns desses autores criaram seres fabulosos que, como você disse, só podem se dar a ver como animais escritos. No entanto, se atentarmos para certos animais existentes — como o ornitorrinco, a equidna, o rato-toupeira-pelado, o cavalo-marinho, o dugongo, entre vários outros de feição heteróclita que habitam diferentes paisagens do nosso planeta —, veremos que eles não ficam atrás dos animais fantásticos inventados pela mente humana. Cada um deles pode, sem dúvida, servir de representação simbólica para o que se inscreve hoje no mundo, em especial para as identidades plurais e heterogêneas que se afirmam, ao mesmo tempo, como alteridades singulares. Não à toa, o inclassificável ornitorrinco tem provocado diversas reflexões sobre os tempos atuais. Temos, de fato, muito o que aprender com os animais sobre a nossa própria espécie, a qual também está atravessada de pluralidade e diferentes singularidades.

P.P.: *No teu ensaio "Literatura e subjetividade animal", a ser publicado na* Dobra *n. 7, você comenta o poema do Drummond "Um boi vê os homens", e, pensando nos seus versos, "Coitados, dir-se-ia não escutam/ nem o canto do ar nem os segredos do feno", lembrei do "Guardador de rebanhos", de Alberto Caeiro, em que fica evidente o esforço do poeta para se afastar de todo o peso do racionalismo ocidental nos versos "Procuro esquecer-me do modo de lembrar que me ensinaram,/ E raspar a tinta com que me pintaram os sentidos,/ Desencaixotar as minhas emoções verdadeiras,/ Desembrulhar-me e ser eu, não Alberto Caeiro,/ Mas um animal humano que a Natureza produziu". Como você interpreta esse deslocamento de perspectiva em poetas tão cerebrais como Pessoa e Drummond?*

M.E.M.: Esse é outro poema de Drummond que tem me iluminado bastante. A cada leitura, descubro um elemento novo, capaz de desencadear novas possibilidades de interpretação. A conexão com o "Guardador de rebanhos", de Caeiro, é bem interessante. O poema de Drummond adota a perspectiva animal; o de Caeiro, a dele mesmo — um humano inventado por Pessoa, dotado de uma percepção avessa ao racionalismo que os bovinos drummondianos criticam. Ambos os poetas, mesmo ao se valerem de recursos racionais em suas obras, não deixam de performar outras formas de apreensão das coisas e questionar a supremacia de certo modelo de razão humana em relação a outras formas de entendimento. No que tange a Caeiro, ele chegar a dizer, à feição do boi: "Tristes das almas humanas, que põem tudo em ordem,/ Que traçam linhas de cousa a cousa [...]." Os dois são poetas que buscam aprender com os bichos e as plantas (com "tudo que vive sem fala", para citar Caeiro mais uma vez) outras maneiras de lidar com o mundo e a realidade, outras formas de consciência que não apenas a legitimada. Uma leitura comparativa de suas obras, sob tal perspectiva, ainda está por ser feita.

P.P.: *Gostaria que comentasse estas duas experiências que me parecem bastante interessantes para se pensar a questão da subjetividade animal: A história da "Burrita Baldomera" <https://www.publishnews.es/materias/2020/09/17/la-historia-viral-de-la-burrita-baldomera-llega-a-las-librerias-como-album-ilustrado-infantil> e a experiência de Rui Unas com as baleias <https://sic.pt/Programas/episodioespecial/videos/2019-08-05-Rui-Unas-foi-ate-ao-Mexico-e-interagiu-com-baleias-Foi-uma-experiencia-inesquecivel>.*

M.E.M.: As redes sociais têm divulgado vídeos extraordinários sobre comportamento animal e as relações interespécies, os quais confirmam visualmente as faculdades, habilidades, sentimentos e saberes de inúmeros seres não humanos. A história da "burrita" e a das baleias vêm se juntar a outras não menos impressionantes, na mesma linha. Lembro-me de dois outros vídeos: o que traz um símio que é levado de volta à floresta, após tempos de cativeiro, e abraça com emoção a pessoa que o libertou, num gesto de agradecimento, e o do cachorro que, ao ver outro ser atropelado numa avenida, corre para salvá-lo, puxando-o pelo asfalto até a calçada. São exemplos de gratidão, amor, amizade, compaixão, solidariedade. Algo que a literatura vem mostrando há muito tempo. Basta mencionarmos a cachorra Baleia, de *Vidas secas*, de Graciliano Ramos, que pensa, age e sonha em plena seca do sertão, numa relação de afeto e solidariedade com a família de retirantes a que está vinculada. Ou um burro que conversa com o outro sobre as durezas do trabalho escravo, como se vê num conto de Machado de Assis. Para não mencionar o papagaio que mostra a uma pobre senhora onde foi enterrada a herança de um tio morto, como aparece num conto de Virginia Woolf. Se a ciência ignorou o óbvio ao longo dos séculos, os escritores e artistas nunca duvidaram das potencialidades animais. Felizmente, muitos cientistas, hoje, já reconhecem e legitimam a consciência animal, como atestaram, há poucos anos, treze neurocientistas de Cambridge, incluindo Stephen Hawking, ao admitirem que os humanos não são os únicos seres do planeta a ter consciência, sentimentos, atos intencionais e inteligência. Algo que Darwin já havia afirmado em seus livros. Ou seja, enfim a ciência reconhece oficialmente o que muitos escritores e amantes dos animais sempre souberam: os animais também têm neurônios e coração.

P.P.: *Numa entrevista a* Párrafo Magazine *você fala da importância da tua cachorra Lalinha nesse trabalho de reflexão sobre os animais. Para finalizar a nossa conversa, poderia falar um pouco sobre isso?*

M.E.M.: A presença de Lalinha — mistura de cocker spaniel com vira-lata — em minha vida ao longo de quinze anos foi fundamental para a minha pesquisa. Aprendi muito com nossa convivência e consegui entender, ainda que dentro das minhas limitações, um tipo bastante peculiar de saber não humano, mesmo que contaminado pela interação com nossa espécie. Os modos alternativos de comunicação que mantivemos, incluindo algumas variações da linguagem oral, deram-me a certeza de que eu estava diante de uma alteridade dotada de uma subjetividade complexa, uma inteligência aguçada e uma capacidade afetiva extraordinária. Logo após sua morte, decidi me concentrar nos cães, inaugurando uma nova etapa em minha investigação. Comecei, então, a procurar os cães que atravessaram e atravessam a literatura, desde a Antiguidade clássica. Digo que encontrei um verdadeiro canil literário, que tem me ocupado nos últimos anos, além de filmes e outros trabalhos visuais voltados para o universo canino. Graças a Lalinha, incorporei em minhas reflexões teóricas alguns nomes medulares do pensamento sobre os animais, como Marjorie Garber,

Donna Haraway, Roger Grenier e Susan McHugh, que têm contribuído também para a abordagem de outras questões concernentes ao universo zoo. Enfim, esse campo da "cinoliteratura" tem aberto outras frentes de abordagem, ainda a serem desdobradas.

Créditos

Desde o lançamento do livro *Literatura e animalidade*, de 2016, publiquei, em revistas e livros coletivos nacionais e estrangeiros, vários artigos relacionados à pesquisa que venho desenvolvendo desde então.

Foram adaptados e incorporados neste volume os seguintes:

- "Ficções caninas em Clarice Lispector e Machado de Assis". *Journal of Lusophone Studies* (USA): Special Dossier on Brazilian Eco-Criticism, v. 2, n. 2, dez. 2017, p. 38-55.
- "Quand meurt un chien". *Carnets: Revue électronique d'études françaises* [En ligne], Deuxième série 18 | 2020, mis en ligne 31 janvier 2020, Association Portugaise d'Études Françaises (APEF).
- "Bestiários: o imaginário zoo na literatura e nas artes". Mostra on-line de cinema Álbum Animado de Bestiários. Site do ItaúCultural, São Paulo, 16.7.2020. Disponível em: <https://www.itaucultural.org.br/bestiarios-imaginario-literatura-artes>.
- "Literatura e subjetividade animal". *Revista Dobra: Literatura, Arte, Design.* Universidade Nova de Lisboa, n. 7, jan. 2021, p. 2-11.
- "Poéticas da natureza na literatura brasileira do século XXI". *Revista Aisthesis.* Instituto de Estética de la Pontificia Universidad Católica de Chile, n. 70, dez. 2021, p. 531-42.

- "Nas margens do humano: alguns paradoxos da zoopoética de Clarice Lispector". *Letterature d'America*, Universidade Roma La Sapienza, 2022, p. 25-42.
- "Shared Life: Incursion into Carlos Drummond de Andrade's Zoopoetics". In: BACCHINI, Luca e SARAMAGO, Victoria (orgs.). *Literature beyond the Human: Post-Anthropocentric Brazil*. Londres/Nova York: Routledge, 2022, p. 113-30.
- "Nas fronteiras do humano e do não humano: vozes animais na ficção". In: SECCHES, Fabiane (org.). *Depois do fim: conversas sobre literatura e Antropoceno*. São Paulo: Instante, 2022, p. 96-108.

Referências bibliográficas

ADES, César. "O morcego, outros bichos e a questão da consciência animal". *Psicologia USP*, v. 8, n. 2, 1997, p. 129-158. Disponível em: <http://www.scielo.br/scielo.php?script=sci_arttext&pid=S0103-65641997000200007&lng=en&nrm=iso>. Acesso em: 16.10.2012.
AGAMBEN, Giorgio. *O aberto: o homem e o animal*. Trad. André Dias e Ana B. Vieira. Lisboa: Edições 70, 2011.
_____. *O poder soberano e a vida nua*. Trad. António Guerreiro. Lisboa: Editorial Presença, 1998.
AMARAL, Hélio Soares. *Os cães filósofos: história da filosofia de resistência*. São Paulo: Annablume, 2006.
ANDERSON, Laurie. *Heart of a Dog*. Nova York: Nonesuch Records, 2015.
ANDRADE, Carlos Drummond de. *Corpo*. São Paulo: Companhia das Letras, 2015.
_____. *Poesia e prosa*. Rio de Janeiro: Nova Aguilar, 1979.
ARFUCH, Leonor. *O espaço biográfico: dilemas da subjetividade contemporânea*. Rio de Janeiro, Eduerj, 2010.
ARISTÓTELES. *De anima*. Trad. Maria Cecília Gomes dos Reis. São Paulo: Editora 34, 2006.
_____. *Historia de los animales*. Trad. José Vara Donado. Madri: Ediciones AKAL, 1990.
ARREOLA, Juan José. *Narrativa completa*. México: Alfaguara, 1997.
ASSIS, Machado de. *Obra completa:* v. 1, 2 e 3. Rio de Janeiro: Nova Aguilar, 1985.
AUSTER, Paul. *Timbuktu*. Trad. Rubens Figueiredo. São Paulo: Companhia das Letras, 1999.
BAPTISTA, Josely Vianna. *Roça barroca*. São Paulo: Cosac Naify, 2011.
BARRETO, Luiz Carlos. "Era preciso sentir o calor olhando para a fotografia do filme". *O Estado de S. Paulo*, 25.8.2018. Disponível em: <https://www.estadao.com.br/infograficos/brasil,cinema-era-preciso-sentir-o-calor-olhando-para-a-fotografia-do-filme-conta-barreto,911961>. Acesso em: 26.1.2023.
BARTHES, Roland. *Como viver junto*. Trad. Leyla Perrone-Moisés. São Paulo: Martins Fontes, 2003.

BAUDELAIRE, Charles. "Os bons cães". *Pequenos poemas em prosa*. Trad. Aurélio Buarque de Holanda Ferreira. Rio de Janeiro: Nova Fronteira, 1980.
BERGER, John. "Animais como metáfora". Trad. Ricardo Maciel dos Anjos. *Suplemento literário de Minas Gerais*. Belo Horizonte: Secretaria de Cultura de Minas Gerais, n. 1332, set/out 2010.
_____. *A Street Story*. Nova York: Vintage, 1999.
_____. *Por que olhar para os animais?* Trad. Pedro Paulo Pimenta. São Paulo: Fósforo, 2021.
BEZERRA, Elvia. "Drummond: o 'querido capanga'". Blog do Instituto Moreira Salles, 23.9.2011. Disponível em: <http://blogdoims.com.br/drummond-o-querido-capanga-por-elvia-bezerra/>. Acesso em: 5.3.2021.
BORGES, Jorge Luis. *Manual de zoología fantástica*. México: Fondo de Cultura Económica, 1998.
BRAS-CHOPARD, Armelle le. *Le zoo des philosophes*. Paris: Éditions Plon, 2000.
BUENO, Wilson. *Jardim zoológico*. São Paulo: Iluminuras, 1999.
CABRAL, Astrid. *Jaula*. São Paulo: Penalux, 2017.
_____. *Visgo da terra*. Manaus: Valer/Uninorte, 2005.
CALARCO, Matthew. *Thinking Through Animals: Identity, Difference, Indistinction*. Stanford: Stanford University Press, 2015.
CALVINO, Italo. "O céu, o homem, o elefante". *Por que ler os clássicos*. Trad. Nilson Moulin. São Paulo: Companhia das Letras, 1993.
CAMPOS, Maria do Carmo. "Drummond, variações sobre um mesmo corpo". *Revista Organon*. Porto Alegre: UFRGS, n. 17, 1991.
CASTRO, Eduardo Viveiros de. *A inconstância da alma selvagem*. São Paulo: Cosac Naify, 2002.
_____. *Metafísicas canibais*. São Paulo: Cosac Naify, 2015.
COETZEE, J. M. *A vida dos animais*. Trad. José Rubens Siqueira. São Paulo: Companhia das Letras, 2002.
_____. "O matadouro de vidro". *Contos morais*. Trad. José Rubens Siqueira. São Paulo: Companhia das Letras, 2021.
_____. *Disgrace*. Londres: Penguin, 1999.
COSTA, Flávio Moreira da. *Os melhores contos de cães & gatos*. Rio de Janeiro: Ediouro, 2007.
COSTA, Maria Velho da. *Myra*. Lisboa: Assírio & Alvim, 2016.
DARWIN, Charles. *A expressão das emoções no homem e nos animais*. Trad. Leon de Souza Lobo Garcia. São Paulo: Companhia das Letras, 2009.
_____. *The Descent of Man*. Londres: Penguin Classics, 2004.
_____. *The Origin of Species*. Londres: Wordsworth, 1998.
DAVIS, Lydia. *Nem vem*. Trad. Branca Vianna. São Paulo: Companhia das Letras, 2017.
_____. *The Cows*. Louisville: Managing Editor, 2011.
DERRIDA, Jacques. "Eating Well, or the Calculation of the Subject".

Points...Interviews, 1974-1994. Org. Elisabeth Weber. Stanford: Stanford University Press, 1995.

_____. *Et si l'animal repondait?*, In: MALLET, M.-L. e MICHAUD, G. (orgs.). *Cahier de L'Herne. Derrida*. Paris: Éditions de L'Herne, n. 83, 2004.

_____. *La bête et le souverain*, v. 1. Paris: Galilée, 2008.

_____. *La bête et le souverain*, v. 2. Paris: Galilée, 2010.

_____. *O animal que logo sou (A seguir)*. Trad. Fábio Landa. São Paulo: Editora Unesp, 2002.

DESBLACHE, Lucile. "As vozes dos bichos fabulares: animais em contos e fábulas". In: MACIEL, M. E. (org.). *Pensar/escrever o animal: ensaios de zoopoética e biopolítica*. Florianópolis: Edufsc, 2011.

DESPRET, Vinciane. *Autobiografia de um polvo e outras narrativas de antecipação*. Trad. Milena P. Duchiade. Rio de Janeiro: Bazar do Tempo, 2022.

_____. *O que diriam os animais?* Trad. Letícia Mei. São Paulo: Ubu, 2021.

DOURADO, Autran. *Uma vida em segredo*. São Paulo: Ediouro, s/d.

ESOPO. *Fábulas*. Trad. André Malta. São Paulo: Editora 34, 2020.

FONTENAY, Élisabeth de. *Le silence des bêtes: la philosophie à l'épreuve de l'animalité*. Paris: Fayard, 1998.

_____ e PASQUIER, M-C. *Traduire le parler des bêtes*. Paris: L'Herne, 2008.

FOUCAULT, Michel. "Os insensatos". *História da loucura*. Trad. José Teixeira Coelho Neto. São Paulo: Perspectiva, 2005.

FRANÇOIS, Bill. *Eloquência da sardinha*. Trad. Julia da Rosa Simões. São Paulo: Todavia, 2019.

GALERA, Daniel. *Até o dia em que o cão morreu*. São Paulo: Companhia das Letras, 2014a.

_____. "Lobos dóceis, deuses caprichosos". In: LONDON, Jack. *Caninos brancos*. Trad. Sonia Moreira. São Paulo: Penguin/Companhia das Letras, 2014b.

GARBER, Marjorie. *Dog Love*. Nova York: Touchstone, 1997.

GIORGI, Gabriel. *Formas comuns: animalidade, literatura, biopolítica*. Trad. Carlos Nougué. Rio de Janeiro: Rocco, 2016.

GOTLIB, Nádia Battella. *Clarice: uma vida que se conta*. São Paulo: Edusp, 2013.

GRENIER, Roger. *Da dificuldade de ser cão*. Trad. Lúcia Jahn. São Paulo: Companhia das Letras, 2002.

GROSSMAN, David. *Alguém para correr comigo*. Trad. George Schlesinger. São Paulo: Companhia das Letras, 2005.

HARAWAY, Donna. "Companhias multiespécies nas naturezaculturas". In: MACIEL, M. E. (org.). *Pensar/escrever o animal: ensaios de zoopoética e biopolítica*. Florianópolis: Edufsc, 2011.

_____. *O manifesto das espécies companheiras*. Trad. Pê Moreira. Rio de Janeiro: Bazar do Tempo, 2021.

_____. *When Species Meet*. Minneapolis: University of Minnesota Press, 2008.
HILST, Hilda. "Das sombras — entrevista". *Cadernos de literatura brasileira: Hilda Hilst*. Instituto Moreira Salles, n. 8, out. 1999.
_____. *Da poesia*. São Paulo: Companhia das Letras, 2017.
_____. *Estar sendo. Ter sido*. São Paulo: Globo, 2006.
HOMERO. *Odisseia*. Trad. Trajano Vieira. São Paulo: Editora 34, 2014.
HORNUNG, Eva. *A hora entre o cão e o lobo*. Trad. Juliana Lemos. São Paulo: Paz e Terra, 2010.
HUGHES, Ted. "O falcão no galho". Trad. Sérgio Alcides. *Olympio: literatura e arte*. Belo Horizonte: Miguilim/Tlön, n. 3, 2020/2021.
KAFKA, Franz. "Investigações de um cão". *Narrativas do espólio*. Trad. Modesto Carone. São Paulo: Companhia das Letras, 1997.
_____. "Um relatório para uma academia". *Um médico rural*. Trad. Modesto Carone. São Paulo: Companhia das Letras, 2003.
KRENAK, Ailton. *Ideias para adiar o fim do mundo*. São Paulo: Companhia das Letras, 2019.
_____. "Depoimento a José Eduardo Gonçalves e Maurício Meirelles". *Olympio: literatura e arte*. Belo Horizonte: Miguilim/Tlön, 2020.
KRISTEVA, Julia. *Pouvoirs de l'horreur: essai sur l'abjection*. Paris: Seuil, 1980.
KUNDERA, Milan. *A insustentável leveza do ser*. Trad. Teresa Carvalho da Fonseca. São Paulo: Companhia das Letras, 1985.
LA FONTAINE. *Fábulas selecionadas*. Trad. Leonardo Fróes. São Paulo: Cosac Naify, 2013.
LESSA, Orígenes. *Confissões de um vira-lata*. São Paulo: Global, 2012.
LESTEL, Dominique. *L'animal singulier*. Paris: Seuil, 2004.
_____. *L'animalité: essai sur le statut de l'humain*. Paris: L'Herne, 2007.
_____. "The Question of the Animal Subject". Trad. Hollis Taylor. *Angelaki: Journal of the Theoretical Humanities*, v. 19, n. 3, 2014.
LEVI, Primo. *O ofício alheio*. Trad. Silvia Massimini Felix. São Paulo: Editora Unesp, 2016.
LISPECTOR, Clarice. *A hora da estrela*. Rio de Janeiro: Nova Fronteira, 1984.
_____. *A mulher que matou os peixes*. Rio de Janeiro: José Olympio, 1974.
_____. *A paixão segundo G.H.* Rio de Janeiro: Nova Fronteira, 1979.
_____. *Água viva*. Rio de Janeiro: Nova Fronteira, 1980.
_____. *Laços de família*. Rio de Janeiro: Francisco Alves, 1995.
_____. *Quase de verdade*. Rio de Janeiro: Rocco, 1999.
_____. "Tentação". *A legião estrangeira*. São Paulo: Ática, 1977.
_____. *Um sopro de vida*. Org. Olga Borelli. Rio de Janeiro: Rocco, 1999.
LLANSOL, Maria Gabriela. *Amar um cão*. Sintra: Colares, 1990.
LONDON, Jack. *Caninos brancos*. Trad. Sonia Moreira. São Paulo: Penguin/Companhia das Letras, 2014.

_____. *O chamado selvagem*. Trad. Roberto Amado. São Paulo: Hedra, 2013.

LOPES, Adília. *Clube da poetisa morta*. Lisboa: Black Sun Editores, 1997.

MABANCKOU, Alain. *Memórias de porco-espinho*. Trad. Paula Souza Dias Nogueira. Rio de Janeiro: Malê, 2017.

MACHADO NETO, Arlindo Ribeiro. "Os gêneros televisuais e o diálogo". *Razón y Palabra*, México, v. 4, n. 16, 1999.

MACDONALD, Helen. *F de falcão*. Trad. Maria Carmelita Días. Rio de Janeiro: Intrínseca, 2016.

MACIEL, Maria Esther. *Literatura e animalidade*. Rio de Janeiro: Civilização Brasileira, 2016.

_____. "Literatura e subjetividade animal". *Revista Dobra: Literatura, Arte, Design*. Universidade Nova de Lisboa, n. 7, jan. 2021. Disponível em: <https://revistadobra.weebly.com/uploads/1/1/1/8/111802469/1_maria_esther_maciel.pdf>. Acesso em: 27.1.2023.

_____. "Livros adotam ponto de vista animal para discutir a ética humana". Caderno "Ilustríssima", *Folha de S.Paulo*, 8.9.2019.

_____. *O animal escrito: um olhar sobre a zooliteratura contemporânea*. São Paulo: Lumme, 2008.

_____. "Zoocoleções". *As ironias da ordem*. Belo Horizonte: UFMG, 2010, p. 93-106.

MALAMUD, Randy. *Poetic Animals and Animal Souls*. Nova York: Palgrave MacMillian, 2003.

MARTIN, Nastassja. *Escute as feras*. Trad. Camila Vargas Boldrini e Daniel Lühmann. São Paulo: Editora 34, 2021.

MAYLE, Peter. *Memórias de um cão*. Trad. Waldéa Barcellos. Rio de Janeiro, Rocco, 1997.

MCHUGH, Susan. *Dog*. Londres: Reaction Books, 2004.

MCNEE, Malcolm. "Posthumanism, Animism, and Sérgio Medeiros's Pluriverse Poetics". *Journal of Lusophone Studies*, v. 2, n. 2, 2017.

MEDEIROS, Sérgio. *Totens*. São Paulo: Iluminuras, 2012.

_____. *Trio pagão*. São Paulo: Iluminuras, 2018.

MONTAIGNE, Michel de. "Apologia de Raymond Sebond". *Ensaios II*. Trad. Rosemary Costhek Abílio. São Paulo: Martins Fontes, 2006.

MOSER, Benjamin. *Clarice*. Trad. José Geraldo Couto. São Paulo: Cosac Naify, 2013.

NASCIMENTO, Evando. *Clarice Lispector: uma literatura pensante*. Rio de Janeiro: Civilização Brasileira, 2012.

NEWMYER, S. *Animals in Greek and Roman Thoughts*. Londres/Nova York: Routledge, 2011.

NUNES, Benedito. *A clave do poético*. São Paulo: Companhia das Letras, 2009.

_____. *Clarice Lispector*. São Paulo: Quíron, 1973.

_____. "O animal e o primitivo: os Outros de nossa cultura". In: MACIEL, M.E. (org.). *Pensar/escrever o animal: ensaios de zoopoética e biopolítica*. Florianópolis: Edufsc, 2011.

_____. *O dorso do tigre*. São Paulo: Perspectiva, 1969.

NUNEZ, Sigrid. *O amigo*. Trad. Carla Fortino. São Paulo: Instante, 2019.

PADURA, Leonardo. *O homem que amava os cachorros*. Trad. Helena Pitta. São Paulo: Boitempo, 2013.

PEDROSA, Celia. "Josely Vianna Baptista: uma poética xamânica da tradução e da tradição". *Revista ALEA*. Rio de Janeiro, v. 20/2, maio-ago 2018.

QUINTANA, Pilar. *A cachorra*. Trad. Lívia Deorsola. Rio de Janeiro: Intrínseca, 2020.

RADÜNZ, Dennis. *Roça barroca: mundos torrentes*. Florianópolis: Editora Nave, 2021.

RAMOS, Graciliano. *Vidas secas*. Rio de Janeiro: Record, 1978.

RAMOS, Nuno. *Junco*. São Paulo: Iluminuras, 2015.

RAMOS, Rogério (org.). *Histórias brasileiras de cães*. Curitiba: Positivo, 2014.

REALI, Giovanni e DARIO Antiseri. *História da filosofia*, v. 1. São Paulo: Paulus, 1990.

ROSA, João Guimarães. "Conversa de bois". *Sagarana*. Rio de Janeiro: José Olympio, 1983.

ROSENBAUM, Yudith. "As metamorfoses do mal em Clarice Lispector". *Revista USP*, São Paulo, n. 41, mar/maio 1999.

SAFINA, C. *Beyond Words: What Animals Think and Feel*. Nova York: Henry Holt & Company, 2015.

SAN ISIDORO DE SEVILLA. "Acerca de los animales". *Etimologías*. Madri: Biblioteca de los Autores Cristianos, 1983.

SANTIAGO, Silviano. "Bestiário". *Ora (direis), puxar conversa! Ensaios literários*. Belo Horizonte: Editora UFMG, 2006.

SANTOS, Nelson Pereira dos. *Vidas secas*. Rio de Janeiro: Sino Filme, 1963.

SARAMAGO, Victoria. "Cão que ladra não fala: os animais nos romances machadianos". *Revista de Letras da Unesp*. São Paulo, v. 42, n. 2, jul/dez 2008.

SAVARY, Olga. *Anima animalis*. Caraguatatuba: Letra Selvagem, 2008.

SCRAMIN, Susana. "Wilson Bueno e a 'Sintesis Misteriosa'". *Literatura do presente*. Chapecó: Argos, 2007.

SELIGMANN-SILVA, Márcio. "Um novo relatório para a academia ou nós, os animais, na obra de Franz Kafka". *Suplemento Literário de MG,* dossiê "Animais escritos". Belo Horizonte: Imprensa Oficial, set/out 2010.

SENA, Nicodemos. *A espera do nunca mais: uma saga amazônica*. Curitiba: Kotter Editorial, 2020.

SIMON, Anne. "Escavar a terra, escavar a língua. Zoopoética dos vermes, insetos e outros parasitas". *Revista Dobra: Literatura, Arte, Design*. Universidade Nova de Lisboa, n. 7, jan. 2021. Disponível em: <https://revistadobra.weebly.com/uploads/1/1/1/8/111802469/7___anne_simon.pdf>. Acesso em: 27.1.2023.

SORABJI, R. *Animal Minds and Human Morals: The Origins of the Western Debate*. Nova York: Cornell University Press, 1993.

SZYMBORSKA, Wislawa. *Poemas*. Seleção, tradução e prefácio de Regina Przybycien. São Paulo: Companhia das Letras, 2011.

TAWADA, Yoko. *Memórias de um urso-polar*. Trad. Lúcia Collischonn de Abreu e Gerson Roberto Neumann. São Paulo: Todavia, 2019.

WISNIK, J. M. *Maquinação do mundo: Drummond e a mineração*. São Paulo: Companhia das Letras, 2018.

WITTGENSTEIN, Ludwig. *Investigações filosóficas*. Trad. José Carlos Bruni. São Paulo: Abril Cultural, 1979.

WOLFE, Cary (org.). *Zoontologies: The Question of the Animal*. Minneapolis: University of Minnesota Press, 2003.

WOOLF, Virginia. *Flush: uma biografia*. Trad. Tomaz Tadeu. Belo Horizonte: Autêntica, 2016.

YOURCENAR, Marguerite. "Para onde vai a alma dos animais?". *O tempo, esse grande escultor*. Trad. Ivo Barroso. Rio de Janeiro: Nova Fronteira, 1985.

Agradecimentos

Para escrever este livro, contei com o apoio, o estímulo e a cumplicidade de várias pessoas do meu entorno e de outros países. Entre elas, nomeio e agradeço as que tiveram uma participação incisiva no meu processo de pesquisa e escrita, seja por vias acadêmicas, literárias ou afetivas: Alberto Martins, Alberto Pucheu, Alcino Leite Neto, Astrid Cabral, Carlos Roberto Brandão, Carola Saavedra, Cristina Álvares, Dominique Lestel, Edimilson de Almeida Pereira, Eduardo Jorge de Oliveira, Eduardo Sterzi, Evando Nascimento, Fabiane Secches, Fernanda Coutinho, Gabriel Giorgi, Jonas Samudio, Luca Bacchini, Luís Henrique Sacchi dos Santos, Maria Clara Versiani Galery, Maria João Cantinho, Marianna Teixeira Soares, Paola Poma, Patricia Vieira, Paulo de Carvalho Ribeiro, Ricardo Maciel dos Anjos, Roberto Barros de Carvalho, Sérgio Guimarães de Sousa e Sérgio Medeiros.

Sobre a autora

Maria Esther Maciel nasceu em Patos de Minas (MG), em 1963. É escritora, pesquisadora e professora titular de Literatura da Universidade Federal de Minas Gerais. Doutora em Literatura Comparada pela mesma instituição, realizou pós-doutorado em Literatura e Cinema pela Universidade de Londres e em Literatura Comparada pela Universidade de São Paulo. Atualmente, é professora colaboradora da Pós-Graduação em História e Teoria Literária na Universidade Estadual de Campinas. Ensaísta, poeta e ficcionista, publicou, entre outros títulos: *O livro dos nomes* (Companhia das Letras, 2008), *Literatura e animalidade* (Civilização Brasileira, 2016), *Longe, aqui. Poesia incompleta 1998-2019* (Quixote+Do Editoras Associadas, Tlön Edições, 2020) e *Pequena enciclopédia de seres comuns* (Todavia, 2021). Foi finalista de importantes prêmios literários, como Jabuti, São Paulo de Literatura, Portugal Telecom de Literatura e Oceanos. Com *O livro dos nomes*, recebeu menção especial no Prêmio Casa de las Américas 2009.

Sobre a concepção da capa

Vivendo num mundo cada vez mais antinatural, o ser humano, em sua autoproclamada superioridade, parece se esquecer de que em essência é constituído de matéria orgânica, assim como todos os outros seres que definiu chamar de "animais". Nossa escolha, portanto, foi retratar na capa aquilo que nos une àqueles que compartilham o mundo conosco e fazem parte do mesmo reino biológico que nós — por isso a composição e a sobreposição de figuras de animais e ossos humanos.

A pesquisa imagética se concentrou num estilo de ilustração que remetesse a livros de biologia e osteologia. Encontramos um acervo de gravuras *vintage* e ilustrações feitas à mão resgatadas de várias enciclopédias antigas (do início do século XX aproximadamente), imagens estas digitalizadas e transformadas em gráficos vetoriais. Além de servirem para estudos anatômicos, os desenhos são belíssimas peças de arte. Com eles, formamos um painel de espécies animais em contraponto a ossos humanos, num *layout* que remete a um caderno de anotações.

Em razão de os cães terem destaque nesta obra, utilizamos mais de uma figura da espécie. E, na parte interna da capa, os ossos ganham também outro significado, pois, na vida selvagem, os antepassados caninos caçavam outros animais e não desperdiçavam as sobras, que eram enterradas para o período de escassez — isso faz parte do seu instinto e continua até hoje no DNA dos cachorros domesticados.